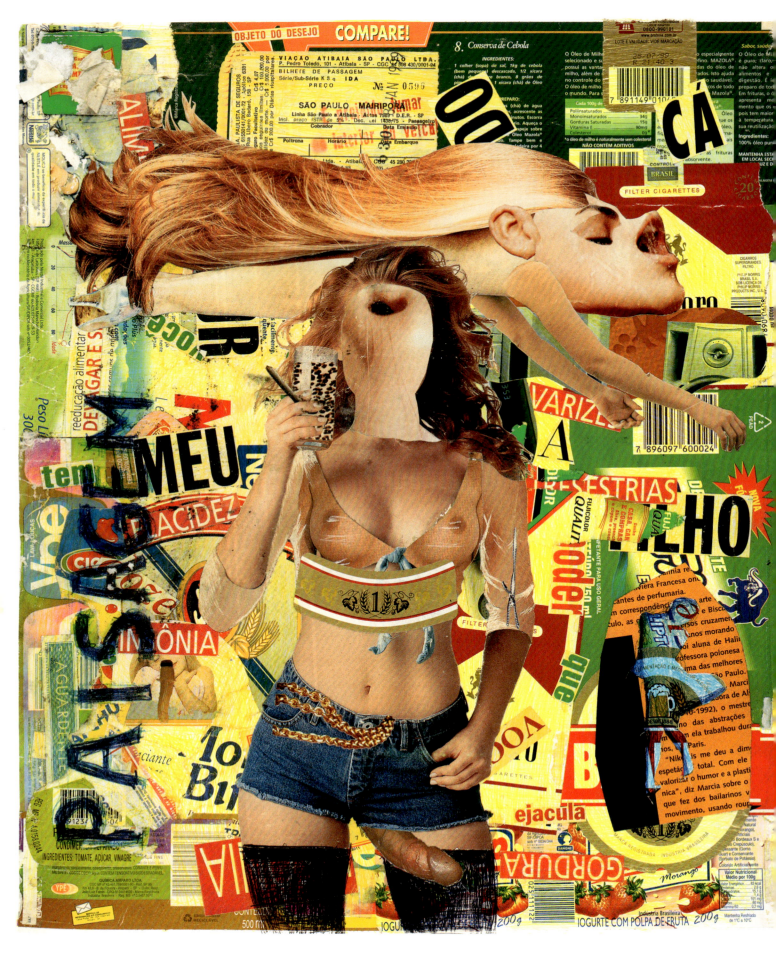

A CERTA ALTURA, o narrador da fotonovela *Jongo & Adriano*, criada pelo artista **Yhuri Cruz**, pergunta-se em que consiste a liberdade. A resposta parece óbvia no contexto do Brasil escravocrata. Mas a parábola da fuga é uma revolta contra a escravização dos corpos tanto quanto a prisão dos afetos. Liberdade é ausência de medos e incômodos, resume Cruz.

Libertar-se da opressão cotidiana e das amarras sociais move boa parte dos artistas desta edição. **Sydney Amaral** afronta o hedonismo branco em colagens que escarnecem dos símbolos de prazer e de poder. O clima surreal contrasta com a sobriedade dos autorretratos em fundo preto, em que Amaral enfrenta seus dilemas pessoais e artísticos: trabalhar ou comer, viver ou morrer?

Renata Felinto revê a história das imagens de opressão e vigilância em busca de emancipação e justiça. Seu trabalho inédito é a capa da edição e o pôster dos assinantes. **Ming Smith** captura a vibração e a resiliência da vida negra nos Estados Unidos, enquanto um/a fotógrafo/a desconhecido/a enquadra nas curvas cênicas e batidas da orla carioca pessoas que expressam a beleza democrática do Rio de Janeiro. O amor público, relembra a escritora **Eliana Alves Cruz**, pode ser revolucionário.

Nas fotografias de casamento feitas por **Sabelo Mlangeni**, a vida edulcorada ganha nuances transcendentes. Com o namorado modelo, **Pixy Liao** inverte os papéis de gênero propagados pela iconografia ocidental e por sua educação chinesa. Mais de 30 anos antes, a austríaca **VALIE EXPORT** abraçava a sisudez urbana em performances feministas pioneiras.

Prestes a lançar seu primeiro livro, a fotojornalista **Gabriela Biló** revela em diário os erros e acertos, perigos e prazeres do ofício em Brasília. Para os Guarani, a memória não é uma dimensão do passado, mas a caminhada do passado e do futuro no presente. Movimentar as imagens, explica a curadora **Sandra Benites**, é libertá-las para a luta.

THYAGO NOGUEIRA, *editor*

CAPA E QUARTA CAPA:
Série *Arapuca* (2023), de Renata Felinto

COLAGENS A PARTIR DAS IMAGENS *PRISIONEIRA DE NOVA ORLEANS* (ARQ. DA BIBLIOTECA PÚBLICA DE NOVA ORLEANS); *NOIVOS* (ACERVO DA ARTISTA); *GABRIELLA*, 1986, DE OTTO STUPAKOFF (IMS); *DANÇA DE CASAMENTO ZULU* (WELLCOME COLLECTION, CC-BY-4.0), RETRATO DE VALDEMAR VAL; ROCINHA, RIO, RJ, DE DABLDY/ISTOCK; MIN. JUSTIÇA E SEGURANÇA PÚBLICA; SOURCESECURITY.COM

ABRE
Sidney Amaral

10 Jongo & Adriano
Yhuri Cruz

32 Relacionamento experimental
Pixy Liao & Holly Roussell

50 Acordos
Sabelo Mlangeni & Athi Mongezeleli Joja

70 Desde aquele beijo
Fotógrafo/a desconhecido/a & Eliana Alves Cruz

84 Fragmentos de um real particular
Sidney Amaral & Luciara Ribeiro

100 Múltipla exposição
Gabriela Biló

112 Arapuca
Renata Felinto

ENTREVISTA
130 A memória precisa caminhar
Sandra Benites & Clarissa Diniz

144 Sentindo o invisível
Ming Smith & Oluremi C. Onabanjo

164 Configurações do corpo
VALIE EXPORT & Walter Moser

JONGO & ADRIANO

A primeira fotonovela da pesquisa *Pretofagia*. Uma história de amor e fuga em três capítulos, inspirada nos personagens do romance *Um defeito de cor*, de Ana Maria Gonçalves.

DE
Yhuri Cruz

ESTRELANDO
Alex Reis & Almeida da Silva

RIO DE JANEIRO, 1824

Por séculos, terra indígena Tupinambá,
hoje, capital do Império do Brasil.

Nas vísceras do sertão carioca,
uma fuga está em andamento:
Jongo, africano de Angola,
e Adriano, crioulo brasileiro,
se embrenham pelas matas densas,
à procura da liberdade de ser e...
AMAR!

JONGO & ADRIANO

Capítulo 1: Uma fuga em grande estilo

Em sua fuga, sem terem consciência plena dos seres e entidades à sua volta, Jongo e Adriano decidiram esconder-se num grande arbusto de espadas-de-ogum. Ficaram ali por aproximadamente 11 horas, paralisados como esculturas de um jardim.

Nesse intervalo, os inimigos cruzaram diversas vezes seu esconderijo. No entanto, envoltos nesse mistério, seus inimigos, tendo pés, não os alcançaram, tendo mãos, não os pegaram, tendo olhos, não os viram. É provável que até em seus pensamentos tenham esquecido do mal que juraram realizar contra eles.

FIM CAP. 1

JONGO & ADRIANO

Capítulo II: Proferir ou ferir, o que você sugere?

IMPÉRIO DO BRASIL, 1825
Um povoado preto do interior, conhecido como Mocambo da Linha Verde.

Muitos meses de fuga foram escritos, mas Jongo, africano de Angola, e Adriano, crioulo brasileiro, ainda buscam um local seguro que abrigue sua tão cobiçada liberdade de ser e...
AMAR!

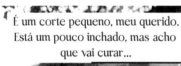

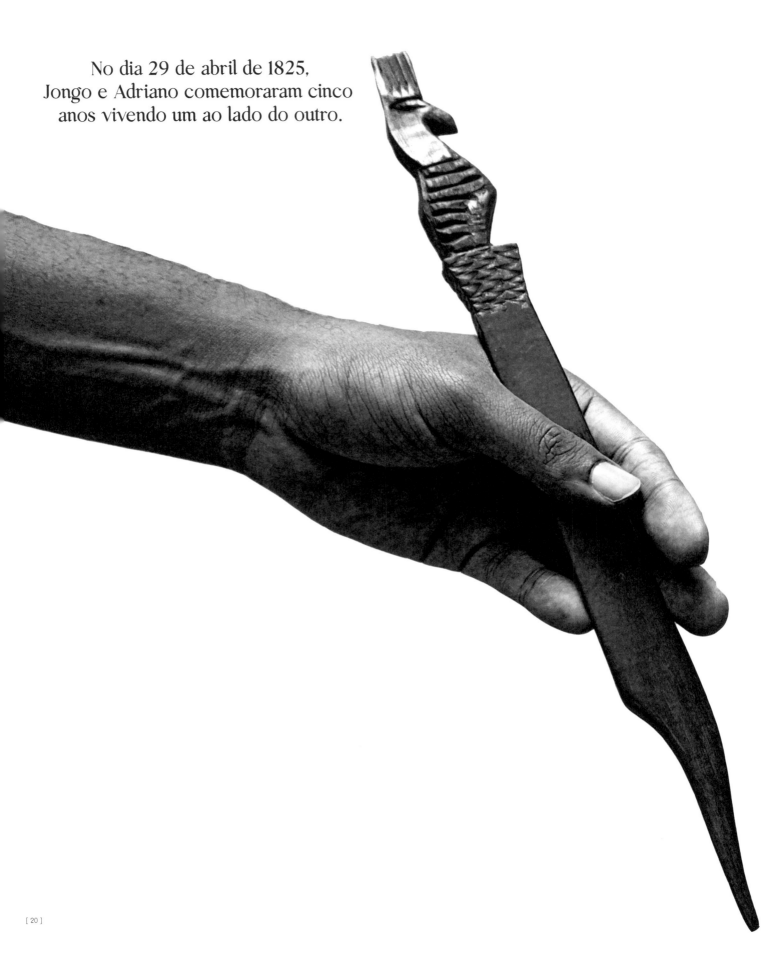

No dia 29 de abril de 1825, Jongo e Adriano comemoraram cinco anos vivendo um ao lado do outro.

Sobre sua relação, alguns julgavam serem irmãos de tão grudados que eram. As poucas pessoas que compreendiam o que havia entre os dois os chamavam de "homem e mulher". Contudo, mesmo entre os pretos, muitos preferiam nem encará-los. Pareciam sentir dor ao olhar para eles.

Nesse dia de celebração, um dia que era especialmente dedicado ao primeiro encontro deles, ao primeiro olhar verdadeiro de amor e reconhecimento que jamais haviam cruzado com alguém, eles decidem presentear um ao outro: Adriano deu a Jongo uma imagem de São Benedito, e Jongo deu a Adriano uma adaga com um galo esculpido em seu cabo.

JONGO & ADRIANO

Capítulo III: É possível ver o futuro na chuva

NORTE DO ESPÍRITO SANTO, 1826

Um mês chuvoso na cidade de São Mateus, conhecida como Cricaré.

A vida "livre" na cidade possibilita que Jongo, africano de Angola, e Adriano, crioulo brasileiro, consigam ganhar alguns trocados de réis como ajudantes de cozinha. Eles alugam um pequeno quarto no segundo andar de um velho casarão longe do centro. Durante o dia, assam bolos e limpam o chão; à noite, podem dormir juntos e sonhar a liberdade de ser e...
AMAR!

Choveu bastante durante a noite e, neste momento, cai uma tempestade.

Está difícil até de enxergar um palmo à nossa frente.

Acha que devemos sair para o trabalho?

A cidade, com certeza, está alagada. Vamos ficar em casa hoje.

Não me parece uma chuva normal. É cedo, e o céu já está tão escuro...

A chuva alagou todo o território de Cricaré, e durante sete dias os moradores de São Mateus ficaram ilhados em seus lares. O enorme rio que circunda a cidade se libertou e redesenhou todas as suas margens com grande violência. Fazendas e colheitas foram devastadas, e os estabelecimentos mais ricos, aqueles da margem do rio Cricaré, tiveram de ser abandonados. Um tempo depois, comentava-se na cidade que muitos escravizados aproveitaram o caos para fugir em bandos. Foi um grande prejuízo para os senhores de engenho.

Nos arredores do centro, no interior de um casarão em São Mateus, estavam Jongo e Adriano. Durante aqueles sete dias, passaram a maior parte do tempo deitados um sobre o outro, curtindo um estado de serenidade profunda entre o gozo e o sono. Não havia visitas, não havia trabalho, não havia nenhum dever para com ninguém, a não ser com aquele momento. Em nenhuma daquelas cabeças passava sequer um pensamento sobre caos, devastação, prejuízos. Pelo contrário, agradeciam a cada dia que a chuva caía mais torrencial e dadivosa. Seria essa a sensação de liberdade: a ausência de medos e de incômodos?

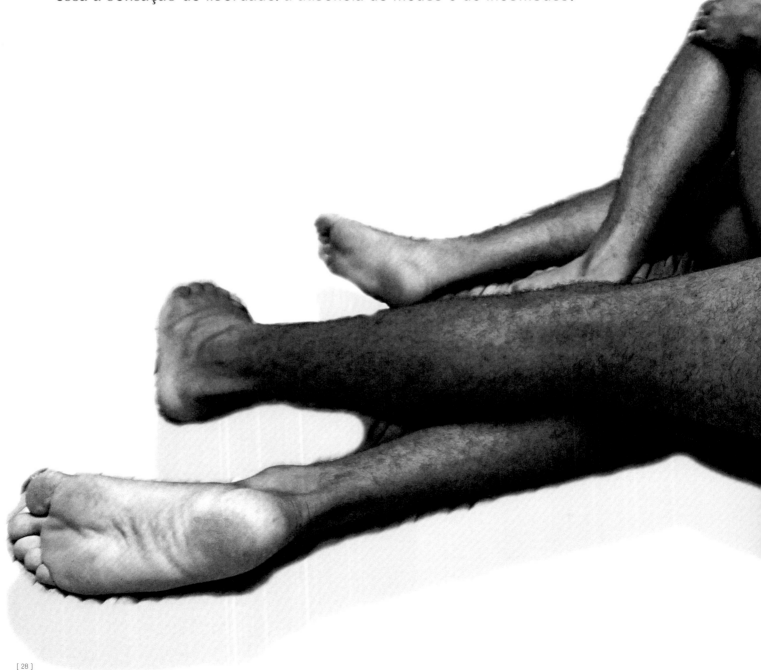

Juntos, iluminados por uma cascata de
raios que despencava na noite molhada,
eles chegaram a uma epifania:
é possível ver o futuro na chuva...

JONGO & ADRIANO

ELENCO
Alex Reis interpreta JONGO
Almeida da Silva interpreta ADRIANO

FICHA TÉCNICA
Direção, fotografia, dramaturgia, edição e diagramação .... Yhuri Cruz
Figurino e assistência .... Miguel Reis

RELACIONAMENTO EXPERIMENTAL

A artista chinesa **PIXY LIAO** desafia o machismo presente nas representações dos gêneros ao produzir retratos irônicos com seu parceiro de vida e trabalho.

Por HOLLY ROUSSELL

Tentem viver como gêmeos siameses, 2009

Aguente aí, 2015

Relacionamentos dão mais certo quando cada um conhece seu devido lugar, 2008

Carrego seu peso, 2017

Porn, 2014

Segurando, 2014

Batendo na bunda, 2015

Como um homem reage à violência feminina, 2008

Como construir um relacionamento com camadas de significado, 2008

Sushi feito em casa, 2010

Bem-vindos aos portões de uma nova era, 2014

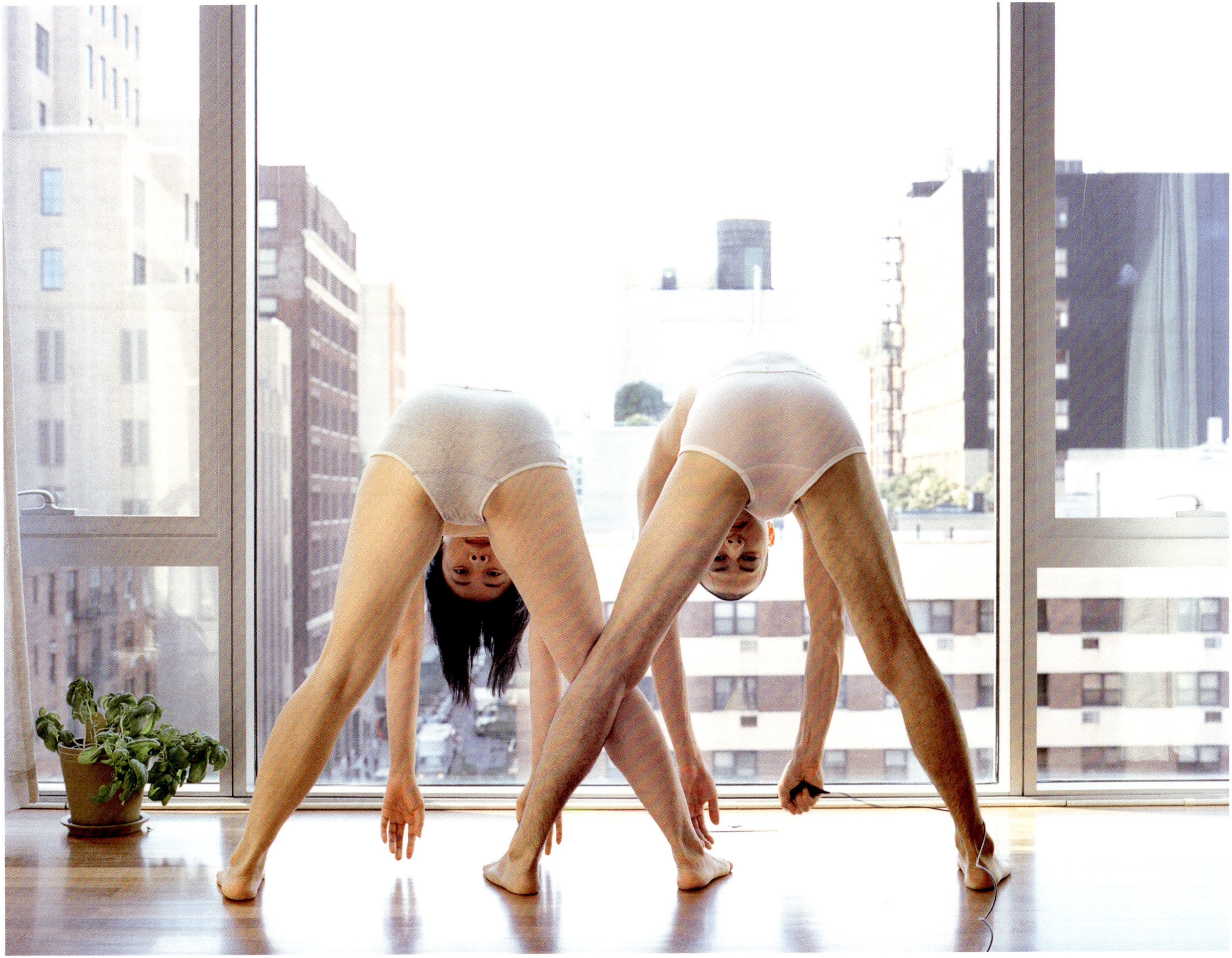

Comecem o dia com um bom café da manhã juntos, 2009

Coisas que comentamos, 2013

Você não precisa ser um menino para ser meu namorado, 2010

Irmãs na praia II, 2014

Unhas vermelhas, 2014

PIXY LIAO faz parte de uma nova geração de artistas que experimentam as possibilidades do retrato na representação de relacionamentos modernos. Seu trabalho brota de experiências pessoais e de seus espaços íntimos. Ela contesta as ideias socioculturais convencionais de construção de gênero e de nacionalidade em um mundo globalizado.

Natural de Xangai, a cidade mais populosa da China, Liao trabalha nos Estados Unidos desde 2005. Nascida em 1979, é filha da era da Reforma e Abertura. Nas décadas subsequentes à Revolução Cultural (1966-76), a China passou por enormes mudanças sociais, culturais e políticas. O país se lançou numa jornada de modernização e estabeleceu uma economia de mercado sob as novas políticas de abertura encabeçadas por Deng Xiaoping. Os exames nacionais para ingresso universitário foram retomados em 1977, e a expressão artística na China passou por transformações significativas.

No campo da fotografia, algumas das primeiras exposições de obras artísticas e altamente pessoais se deram a partir de 1978, organizadas por um grupo chamado Sociedade Fotográfica de Abril. Nos anos 1980, o meio evoluiu para um período documental bastante político e socialmente engajado, até que na década de 1990 a fotografia se vinculou à arte experimental contemporânea, com artistas produzindo obras cada vez mais conceituais e performáticas.

À diferença de muitos fotógrafos chineses importantes de sua geração, como Jiang Zhi, Chi Peng e a dupla Birdhead, Liao não frequentou as aclamadas academias nacionais de arte em Pequim ou Hangzhou. Em vez disso, após um breve período trabalhando como designer gráfica para empresas de Xangai, ela se mudou para Memphis, no Tennessee, para fazer uma pós-graduação em artes.

A voz artística de Liao emergiu nesses anos no sul dos Estados Unidos. Uma aura cinemática, a estética *vintage* descontraída e o olho para os detalhes de interiores e paisagens domésticas definem a familiaridade evocada por suas fotos. Esses temas moldaram o projeto de retrato e performance que surgiu quando ela conheceu Moro, um músico japonês de jazz que se tornou sua musa. A série *Relacionamento experimental* (2007 até o presente) compreende mais de 100 fotos feitas ao longo de mais de 15 anos. Liao deu início à obra em seus anos de universidade. Nessas imagens, muitas vezes, ela se retrata em papel dominante, enquanto o parceiro adota posições submissas. Liao atribui a Moro, cinco anos mais novo do que ela, a inspiração para a série em andamento: "Moro me fez entender que os relacionamentos heterossexuais não precisam ser padronizados. O objetivo dessa experiência é romper com o modelo intrínseco de relacionamento e alcançar um novo equilíbrio." Frequentemente, Liao estrutura suas imagens olhando Moro de cima ou aparecendo inteiramente vestida, enquanto ele está nu. Essas encenações sutis invertem os papéis esperados de gênero – e com um bocado de senso de humor.

Não há dúvida de que o olhar masculino e o papel da mulher como musa são predominantes na história da fotografia. Assim, é revigorante ver no trabalho de Liao um olhar feminino dominante e uma musa masculina. Cada cena é meticulosamente orquestrada para remeter a gestos normativos da cultura visual ou a tendências socioculturais. O título de sua recente exposição no museu Fotografiska de Nova York é provocador: *Seu olhar pertence a mim* (2021). Fica implícito que tanto o *olhar* da musa (Moro) quanto o olhar masculino hegemônico da história da arte pertencem e se submetem a Liao.

Num contexto da história da arte ocidental, em que é frequente idealizar o corpo feminino a serviço de um regime de beleza misógino, definido por curvas voluptuosas e longos cabelos esvoaçantes, a obra de Liao abre espaço para outras potências. Essas fotos lembram os observadores sobre a hiperfeminização da imagem canônica da mulher e mostram que, aos olhos da artista, não é preciso se conformar aos estereótipos do masculino ou do feminino para encontrar a felicidade ou a realização em um relacionamento. Como diz o título de outro trabalho de Liao, "A beleza está nos olhos de quem vê". ///

TRADUÇÃO DO INGLÊS DE DENISE BOTTMANN. IMAGENS CEDIDAS PELA ARTISTA.

ACORDOS

Os registros de casamento feitos pelo artista
SABELO MLANGENI contrariam as convenções e recusam
o lugar-comum da representação negra na arte.

Por ATHI MONGEZELELI JOJA

Izimbali ne Nendandatho, Collie Magagula & Jomo Mhlanga, 2011

Ukushaya I step, Mama Hlashwayo, 2020

Rafito e sua esposa Xhikeleni, Maputo, Moçambique, 2013

Casamento tradicional, Lindelani, Driefontein, 2020

Garotas das flores no casamento de Makashe e Kabelo Malatsie, Limpopo, 2011

Indandatho Nonyembezi, 2003

Eythombeni, Sisi Thuli no parque Vryheid, 2003

Senhora Makhubu, 2007

Inkunzi emdwayidwa, 2016

Impelesi enkulu Zakhele Maseko e Mkwenyana, 2003

Ausência de identidades, 2011

Ses'Thuli Ngema, 2003

Faith e Sakhi Moruping, Thembisa, 2004

Ibhokisi nomaLokazane, 2017

uMalokazana, ukufakwa esibayeni, Mandie Dube/Sikhonde, Springbok, Newcastle, 2017

Ukufaka I ringi, 2016

NAS LÍNGUAS NGÚNI, "*isivumelwano*" significa "acordo", "chegar a um consenso". A raiz da palavra é "*vuma*", que significa não só "concordar", mas também "aceitar os termos de um acordo". O ato do *uku-vuma*, além de estar presente nas atividades cotidianas, se expressa em práticas culturais ngúnis muito mais solenes e espirituais. Esse termo é pré-condição de muitos ritos de passagem e rituais de cura, e sugere que os participantes concordem com o processo e o aceitem, assim como, nos credos abraâmicos, se adere a uma aliança. A cereja do bolo desse duplo significado: em isixhosa, o termo "*vuma*" também significa "cantar". O acréscimo do componente musical aos significados da palavra é, sem dúvida, pertinente, pois, como o ativista Steve Biko escreveu certa vez, a música, nas culturas africanas, aparece em todos os estados emocionais. No entanto, não há rito que melhor celebre e produza canções memoráveis, no espírito do *isivumelwano*, que a cerimônia nupcial.

As canções nupciais transmitem mensagens sutis de promessa, crescimento, incentivo e esperança. O conceito de "*isivumelwano*" é, em geral, esperançoso. Remete à capacidade de ação das partes envolvidas. Mais importante: ele invoca uma compreensão intrínseca da contingência e, portanto, a escolha de reiterar o compromisso. Essa compreensão implica aceitar também que os votos podem ser alterados e os contratos, encerrados. Até porque os casamentos podem ser arranjados em nome da família, da igreja, do clã, dos negócios etc. – às vezes, na total ignorância das partes supostamente centrais.

As obras que compõem *Isivumelwano*, de Sabelo Mlangeni, combinam bem com o título escolhido para o projeto. Antes de mais nada, essas fotografias – em cores e em preto e branco – abordam os momentos alegres, agradáveis e esperançosos que são invocados pelos casamentos. As imagens foram feitas em várias etapas, muitas delas nas províncias de Gauteng e KwaZulu-Natal, na África do Sul, entre 2003 e 2020. Nessas fotografias, Mlangeni apresenta os momentos íntimos de cerimônias nupciais de trabalhadores negros – os preparativos, a decoração, os alimentos, as roupas, até os presentes –, mostrando sua propensão para narrativas mais serenas do cotidiano negro.

Todavia, as fotos de casamento de Mlangeni não são os usuais registros pictóricos que enviamos aos amigos que não puderam comparecer à cerimônia, com a legenda "faltou você". O casamento nessas imagens é apenas o tema. As fotos não seguem a estética límpida e convencional da fotografia de casamento. Pelo contrário, pode-se dizer que a produção fotográfica de Mlangeni é de tipo impressionista, isto é, assume a forma de um procedimento investigativo que examina seletivamente o tema, com fotos não posadas aqui e ali. Essas imagens não se encaixam no tipo de retrato pitoresco, perfeito e cronológico de um tema; elas criam um mundo com uma espécie de olhar interno – um labirinto visual que, a cada oportunidade, se recusa a ceder à convenção.

Da mesma forma, com essas imagens, o fotógrafo não nos transporta para uma cerimônia frívola como aqueles casamentos estilosos de grandes celebridades, de políticos ou das elites empresariais que passam na TV, e que, nos últimos anos, se tornaram o padrão na cultura visual local. Por um lado, a sujeição de nossa vida pública à vida das celebridades desvirtuou nossas prioridades políticas e, com isso, intensificaram-se as disparidades econômicas entre ricos e pobres. A perda generalizada de contato com a vida das pessoas comuns – fora dos contextos paternalistas das temporadas eleitorais – continua a gerar uma cultura materialista vulgar, bizarra e pornotrópica. Por outro lado, o que vemos na televisão, nos jornais e congêneres sobre as cerimônias de casamento dos trabalhadores negros tende a facilitar uma narrativa em que a nação usufrui de sua dose semanal de gargalhadas à custa do povo negro. Em outras palavras, o tipo de programa que apresenta casamentos negros cria material para memes, e ficamos nos perguntando por que os negros ajudam e incitam a negrofobia.

É um lugar-comum dizer que a obra de Mlangeni nega esses casos espetaculares de polarização que observavamos – ou inferimos – nas expressões visuais sul-africanas. O problema é que mesmo noções como "calmo" e "comum", no discurso cultural sul-africano, vêm sendo cada vez mais invocadas como pretexto para a despolitização da arte. É frequente que o entusiasmo por representações visuais plácidas, não exibicionistas, impossibilite

Essas imagens não se encaixam no tipo de retrato pitoresco, perfeito e cronológico de um tema; elas criam um mundo com uma espécie de olhar interno – um labirinto visual que, a cada oportunidade, se recusa a ceder à convenção.

nuances (assim como, inversamente, ocorre com imagens de protestos fanáticos). Os propagandistas dessa tendência supõem que há momentos na existência negra que podem esterilizar temporariamente a onipresença do trauma para retirá-lo de cena. Artistas como Mlangeni, cujas obras são altamente críticas, mas não de mero confronto, tendem a fundir o discurso contemporâneo e seus sistemas classificatórios preexistentes.

Embora a obra de Mlangeni, à primeira vista, não adote uma postura beligerante nem crie narrativas icônicas de luta, ela exige que o pensamento crítico se depare com o vernáculo visual das imagens. Refiro-me a vernáculos que, na maioria das vezes, não constituem negações da resistência, mas sim uma outra forma de resistência. Do mesmo modo, a obra de Mlangeni não cede às garantias banalizadas das narrativas simples e bem ordenadas do cotidiano negro, que estão em voga hoje. Engajar pessoas negras fotográfica e artisticamente, como faz Mlangeni, requer mais do que um mero interesse pelas imagens. Ou melhor, pelos tipos de tradição pictórica que se tornaram lugar-comum para a representação artística negra. Pode-se dizer que Mlangeni captura imagens de objetos e pessoas comuns, mas suas fotos não correspondem facilmente aos critérios estéticos convencionais.

Os retratos que ele faz nem sempre são aqueles que permitem dizer: "Ora, conheço essa moça". Ao contrário, as pessoas fotografadas estão sempre escapando do nosso olhar, frustrando-o, esquivando-se dele e obstruindo-o. Em *Izimbali ne Nendandatho* (2011) e *Ukushaya I step, Mama Hlashwayo* (2020), por exemplo, duas noivas são fotografadas sob o véu. Essas fotos podem parecer convencionais no contexto em que foram feitas, mas, paradoxalmente, não têm sentido no âmbito da fotografia matrimonial, como mostra uma rápida busca por fotos de casamento na internet.

Estariam os indivíduos retratados por Mlangeni sempre encobertos, desviando os olhos, escondidos, evadindo-se, escapando, ou será que a subexposição ou

a superexposição é uma crítica ou uma encenação da revolta contra a intrusão visual da mídia fotográfica? Essa aversão à frontalidade e ao olhar do outro é o que a curadora Lauri Firstenberg chamou de "antirretrato". Seria essa uma técnica subversiva de solapar e deixar de seguir a lógica prescritiva da fotografia sul-africana canônica, recusando seus clichês e sua atitude de confronto? Como se elimina a violência da fotografia com fotos e por meio das fotos? Essa ideia de se defender do poder do espectador não se encerra com o esforço de liberar o controle da fotografia colonial sobre a carne negra, mas também pressiona a ética do fotógrafo, para que ele treine o olhar. A condição negra exerce sobre Mlangeni, como fotógrafo e como indivíduo negro, uma dupla pressão, que parece estar indissociavelmente entrelaçada. Como diz ele:

O tipo de fotografia que estou fazendo não é aquele em que fotografo você hoje, amanhã lhe trago as fotos e você me paga 10 rands por elas. As pessoas me veem fotografando o tempo todo e não chegam a ver as fotos. Então, começam as perguntas: 'O que você está fazendo com nossas fotos?'. Elas sabem que tipo de trabalho estou fazendo, mas sempre vem essa pergunta. 'Você continua a tirá-las, e não vemos os resultados finais do que você faz.' E, quando as pessoas veem uma câmera, ficam achando que seus problemas estão resolvidos, que a gente vem para mudar a vida delas de tal forma que todos os seus problemas ou dificuldades vão desaparecer de repente. Então, temos também esse tipo de responsabilidade, embora, ao mesmo tempo, não seja esse o propósito das fotografias que fazemos.

Outra fotografia que considero fascinante e angustiante é *Impelesi enkulu, Zakhele Maseko e Mkwenyana* (2003). "*Impelesi Enkulu*" significa "um companheiro de confiança". A imagem mostra dois homens, o padrinho e o noivo, um de frente para o outro, dando as mãos de maneira íntima. A julgar pela postura

No corpo desse trabalho, contudo, os momentos que misturam beleza e fealdade, alegria e dor parecem previstos, e não excluídos.

dos dois, devem ser muito próximos e sentem-se à vontade um com o outro. A luz corta a sala ao meio, deixando a pessoa à esquerda parcialmente exposta e o parceiro totalmente mergulhado na escuridão. Essa proximidade física tão íntima entre homens soa sempre suspeita e escandalosa, sendo tratada com alto grau de desprezo pela sociedade e impondo um estigma contra homens que demonstram afeto em público. Nessa imagem, a cisão entre presença e ausência se torna uma metáfora visual que nos remete à aceitação apenas parcial, à vulnerabilidade e à existência precária das pessoas homossexuais negras na África do Sul, a despeito de seus direitos e de seu *status* legal. A ideia de que deem as mãos nas sombras, por causa das contínuas ameaças e ridicularizações, também mostra que as sombras podem vir a ser locais de resistência e de prazeres negociados, tanto em termos narrativos quanto estéticos. A técnica da subexposição, nessa fotografia, apaga a plena presença corporal da pessoa retratada, de modo que nos restam apenas traços e sinais incompletos da existência humana. Em *Ausência de identidades* (2011), todas as figuras se tornam silhuetas em razão da subexposição, ao passo que, em *Inkunzi emdwayidwa* (2016), a superexposição também leva ao obscurantismo.

Algumas imagens parecem típicas ou convencionais, enquanto outras soam estranhas e defeituosas, além de anacrônicas. No final dos anos 1990, quando eu era adolescente, lembro que ainda víamos as pessoas folheando os jornais e revistas da comunidade, como *Bona*, percorrendo as seções populares que traziam fotos de gente comum, inclusive de pessoas que conhecíamos do bairro. Os que apareciam estampados ficavam andando para cima e para baixo com o jornal, mostrando aos amigos e parentes sua efêmera condição de celebridade. Hoje, claro, as liberdades tecnológicas trazidas pelos celulares e pelas redes sociais ampliaram as linhas de comunicação, de circulação e de participação na economia visual global de imagens, e, com isso, alguns aspectos dessas práticas se tornaram

redundantes. Um dos elementos dessas imagens seria a universalidade das poses adotadas pelas pessoas. Hoje, essas poses pareceriam ridículas, mas, na época, eram a síntese do que se considerava legal e na moda.

É interessante notar que, entre as fotos de casamento, há sempre as poses habituais no jardim, em que os recém-casados se deitam na grama, como vemos em *Sisi Thuli no parque Vryheid* (2003) e *Bhuti Mandla* (2003), na série intitulada *Eythombeni*. O termo "*eythombeni*" se refere a um local romântico – de preferência, cercado pela natureza. Os jardins públicos são os mais populares, mas algumas pessoas também visitam o oceano, lagos etc. A ideia de fazer fotos de pessoas deitadas, acocoradas ou mesmo reclinadas, como faz o escritor Bhuti Mandla, embora possa ser risível pelos critérios atuais, estava em voga naquela época.

Da mesma forma, a fotografia *Indandatho Nonyembezi* (2003) mostra duas mãos tocando uma árvore e as alianças novas nos dedos dos noivos – outro gesto romântico típico do *eythombeni* naqueles anos. O papel do fotógrafo de casamentos, sobretudo nos chamados "casamentos brancos", ganha especial importância durante essa viagem a um *eythombeni.* Devido a seu encanto estético e a sua tranquilidade, espera-se que as fotos feitas num *eythombeni* tragam lembranças belas, perfeitas e atemporais do dia dos votos nupciais.

No corpo desse trabalho, contudo, os momentos que misturam beleza e fealdade, alegria e dor parecem previstos, e não excluídos. E se a nota promissória de "felizes para sempre" se baseia na capacidade das representações fotográficas de ilustrar o conto de fadas perfeito, a série de imagens aqui reunidas faz sistematicamente o inverso disso. Tal como a palavra "*isivumelwano*", que pressupõe o contraditório ou antecipa o antagonismo, as imagens de Mlangeni – conforme os critérios da tese "meu casamento perfeito" – traem todos os aspectos da perfeição fotográfica. ///

+ *Isivumelwano*, de Sabelo Mlangeni (Fw:Books, 2022)

TRADUÇÃO DO INGLÊS DE DENISE BOTTMANN. IMAGENS: CORTESIA DO ARTISTA E DE BLANK PROJECTS, CIDADE DO CABO. © SABELO MLANGENI.

DESDE AQUELE BEIJO

Fotografias anônimas, encontradas em feira livre do Rio de Janeiro, revelam personagens ausentes dos cartões-postais da orla carioca. Inspirada em um beijo na praia do Flamengo, a escritora **ELIANA ALVES CRUZ** reflete em conto sobre a visibilidade pública do afeto entre pessoas negras.

OLHEI PARA VOCÊ PELO CANTO DO OLHO caminhando pela casa. Era gostoso acompanhar teus passos sem que você percebesse. O jeito de abrir o livro e molhar o dedo médio com a língua antes de folhear a página. A maneira como descalçava os chinelos para cruzar as pernas longas sobre o sofá. Os dedos que passava entre os cabelos grisalhos, ainda fartos... Eu olhava, e você não notava minha admiração secreta por cada contorno seu, mesmo passados todos esses anos desde aquele beijo.

Nem sei por que comecei a te seguir com o olho dentro deste nosso apartamento pequeno, simples, mas nosso, e de frente para a praia, como tanto sonhamos desde sempre. A nossa praia... Talvez porque reste pouco tempo, e quando ele – o tempo – escoa, tudo ganha lente de aumento. É urgente reter nas retinas as imagens da beleza. É urgente não deixar esquecer, não deixar perder, não deixar passar, não deixar... de me embriagar com o cheiro que vem de você assim, numa manhã qualquer de um dia comum de nossas vidas comuns.

Acho que foi a luz desta manhã que me levou de volta ao domingo em que saímos do subúrbio para ver o mar. Era Dia dos Namorados, lembra? Você odiava essa data! E eu, tão mergulhado em mim, não conseguia entender o motivo mais profundo. Ficava apegado àquela verdade absoluta que somos obrigados a comprar desde sempre, de que uma mulher quer mesmo é namorar, noivar e casar. Final dos anos 1970, na periferia da periferia. A gente lá pensava sobre essas coisas da forma como pensamos hoje? Bem, eu não pensava.

Na verdade, nem você sabia dizer o que tanto te irritava. Foi preciso pisar na areia daquela praia, depois de umas horas atravessando a cidade num ônibus cheio de outros corpos sedentos por água salgada e diversão, para que a compreensão viesse.

Estou aqui, no canto da mesa mexendo a xícara de café, alternando meu olhar entre você e a paisagem da janela, reparando como sua mãe está toda refletida na sua imagem hoje. Como você foi se tornando tão semelhante a ela na aparência, mas tão diferente em outros aspectos. Então, mesmo que seja por oposição, vejo de certa forma sua mãe em você. Ela, que não perdia a chance de desconfiar de mim, de se confrontar com o amor que eu dizia sentir por você e de afirmar que nunca mais acreditaria nesse sentimento.

Um dia perguntei a ela o porquê de tanto rancor. Ela apenas me fitou com olhos frios e disse a frase que ecoa em minha mente a cada data que considero importante para nós ou para você.

– Nunca recebi flores... e nunca fui beijada.

Fiquei muito intrigado. Como assim, nunca foi beijada? Até aquele dia, nunca tinha pensado sobre a falta que faz um jardim na vida de alguém. Não um jardim qualquer, mas um que fosse ofertado, ainda que representado por uma única flor. Sua mãe me olhava com a secura dos desertos que se tornaram inférteis pela ação humana, muito diferentes dos formados pelo trabalho dos milênios.

O domingo do Dias dos Namorados daquele ano amanheceu ensolarado. Olhei para cima e pensei: "Vai dar praia!". Cheguei na sua casa animado, e minha empolgação contrastava com o silêncio de um café da manhã nada ruidoso, nada regado a beijos ou a nenhuma dessas manifestações de afeto um tanto cafonas, mas que muita gente quer. Sua mãe, depois eu vi, queria.

Você me convidou para sentar e, mesmo sem jeito, me sentei. Aos poucos aquele clima estranho foi dando lugar a conversas amenas, a gente contando a grana do transporte e embrulhando uns sanduíches para

Veja! A praia está enchendo. Olhando aqui do alto, não vejo muita diferença entre o pessoal que atravessa a rua em direção à praia hoje e a turma que lotou a areia naquele dia. Todo mundo tão jovem e rico daquele dinheiro precioso chamado tempo.

a viagem, pois sim, ir à praia naquele tempo, saindo do nosso bairro, era uma viagem! Estávamos mais relaxados e sorrindo quando ela abaixou a cabeça na mesa e começou a chorar. As lágrimas foram se avolumando, e ela foi terminar de desaguar longe de nós, que tentamos desajeitadamente saber o que aconteceu, mas ela praticamente nos expulsou de casa. Queria ficar sozinha.

Ganhamos a rua como quem sai de uma câmera de gás, lembra? Uma sensação de que algo muito opressor libertou nossas vias respiratórias. Caminhávamos lado a lado, mas sem nos tocar, ainda degustando o alívio, quando um homem passou por nós apressado e parou em frente ao seu portão. Estancamos na esquina para ver o que ele iria fazer. Ele bateu à porta, sua mãe atendeu e ele entrou. Corremos, colamos os ouvidos na madeira. Corações acelerados. O que nos inibiu? Afinal, por que não entramos?!

Um silêncio estranho baixou. Igual a esse nosso agora, enquanto olho a xícara acabada de café e você se espreguiça lentamente como um gato no sofá. Um vazio de som que prenuncia algo. E foi como uma explosão o grito de sua mãe que saiu de dentro da casa, antes do barulho de vidro quebrando.

– A minha boca é o corpo todo, está ouvindo bem?!

Lembrar disso me faz mergulhar em sentimentos antigos. Veja! A praia está enchendo. Olhando aqui do alto, não vejo muita diferença entre o pessoal que atravessa a rua em direção à praia hoje e a turma que lotou a areia naquele dia. Todo mundo tão jovem e rico daquele dinheiro precioso chamado tempo.

Consigo ver como se fosse hoje você me puxando pela mão e correndo. Não queria ficar para ouvir o bate-boca. Eu me espantei.

– Mas sua mãe pode precisar de ajuda! A gente precisa ficar e... – já estávamos quase na esquina outra vez até que estancamos.

– Vamos para a praia, está bem? Não vai acontecer nada, ou melhor, vai acontecer o de sempre...

E mais não disse. Subimos no ônibus, e estava lotado. Uma massa de gente com trajes de banho por baixo da roupa... Pouca roupa. Sacolejamos um bom tempo até que a orla do Rio de Janeiro se mostrou para nós. Linda, exuberante, rica e branca nos prédios, completamente preta na areia da praia do Flamengo. Fico me perguntando se você finalmente sente que a praia é sua. Acho que sim, pois é com jeito de mar que você está no mundo, em ondas.

Chegamos à praia, e eu, metódico, estendi a esteira na areia um tanto admirado, pois o dia estava lindo, mas a praia não estava ainda lotada. Você saiu correndo, girando, rindo... Estava linda.

– Me beija! – Você ordenou.

– Mas assim... Aqui...?

Qual era a trava? Qual era o problema? Nenhum e todos. Naquela época não era comum demonstrações de amor explícito assim, entre pessoas como nós. Sim, você merecia o amor assumido, sem esconderijos. Quantas gerações tiveram que praticar o esporte de viver o amor no refúgio? "Escondidinho é melhor." Sei que já disse isso...

– Qual o problema? Qual o seu problema?! Você não toca em mim na frente das pessoas, nem na minha mão pega... Eu sou a sua namorada no escuro, apenas dentro e nunca fora. Me beija! Prova que minha mãe está errada. Prova que você não será uma repetição...

Deitamos na areia e demos um longo beijo. Tão longo que chamamos a atenção de um turista. Tão longo que mereceu a eternidade, décadas de esquecimento dentro de algum rolo de filme de viagem. Como teria ficado aquela foto?

Subitamente entendi sua mãe. Um beijo é mais que o unir de bocas. Na volta te dei uma margarida e prometi que, desde aquele beijo, jamais passaria

Deitamos na areia e demos um longo beijo. Tão longo que chamamos a atenção de um turista. Tão longo que mereceu a eternidade, décadas de esquecimento dentro de algum rolo de filme de viagem. Como teria ficado aquela foto?

outra data importante sem um jardim, ainda que representado por uma única flor.

Voltamos para casa quando já escurecia. A tensão foi aumentando a cada passo na direção da sua casa. Chegamos ao portão. Perguntei se você queria que eu entrasse, e você disse que não.

– Foi lindo o nosso dia...

Nos assustamos, pois sua mãe girou a maçaneta, escancarando a porta para sair correndo em direção à rua. O homem que havia chegado mais cedo veio atrás, mas ficou parado na entrada da casa. Ela no meio da rua em postura desafiadora.

– Sabe o que é revolução?! É beijar sua preta em praça pública!

Ele desceu calmamente e a abraçou com ternura e calor. Ficaram ali unidos, reconciliando alguns muitos anos. Envolveu seus ombros e a reconduziu para dentro de casa.

– Minha boca é o corpo inteiro – disse ele.

Agora estamos velhos. Deixei a xícara vazia na mesa e saí do meu posto de observador distante. Para sua surpresa, me aninhei a você no sofá. Você afagou meu rosto.

– Vamos à praia? Agora que ela está tão perto nunca mais fomos.

– Sim, afinal, é a nossa praia.

Descemos e te beijei sem que você precisasse pedir. Te ofereci uma margarida, e você me abraçou forte. Acho que se emocionou, pois pensei ter visto seus olhos úmidos.

– Minha boca é o corpo inteiro – você falou antes de deitarmos aproveitando o sol, finalmente, em paz.

Onde será que está aquela foto? ///

NOTA SOBRE O ACERVO

Estas imagens foram feitas no fim dos anos 1970 nas praias de Botafogo e do Flamengo, zona sul do Rio de Janeiro, e ficaram guardadas no porão da casa do professor Peter Lucas, no bairro do Brooklyn, em Nova York, por mais de uma década. Lucas garimpou esse material na feira da Praça XV, no centro do Rio, por volta de 2007, e me entregou o arquivo numa visita que lhe fiz nos Estados Unidos, em 2022, para que o trouxesse de volta ao Brasil.

O acervo é composto de 530 diapositivos coloridos. Cerca de 30 fotografias estavam montadas em monóculos; o restante, armazenado em seis ou sete caixinhas de filmes. Em algumas delas, pequenos arranjos de papel separam as pessoas retratadas pelo nome. Quase 80% dos cromos estão inteiros; alguns foram cortados, talvez para que fossem montados em outro tipo de moldura, o que explica a diferença de formatos.

A repetição do cenário, do enquadramento e o fato de que o acervo foi encontrado reunido permitem supor que todas as fotografias foram feitas por um único fotógrafo desconhecido, provavelmente com uma câmera Olympus Pen EES-2, que usava metade do quadro, fazendo até 80 exposições em um rolo de 36 poses.

As 16 fotografias neste portfólio não estavam identificadas.

Rafael Cosme

FRAGMENTOS DE UM REAL PARTICULAR

Em colagens e pinturas provocadoras, o artista **SIDNEY AMARAL** (1973-2017) retrata o mundo como um lugar de encanto e luta, beleza e ruína, tesão e morte.

Por LUCIARA RIBEIRO

Embate – O eu e o outro, 2014

A alegria dos envolvidos II, c. 2010

O estrangeiro, 2011

A ovelha e eu, 2011

O artista de um único sucesso, 2011

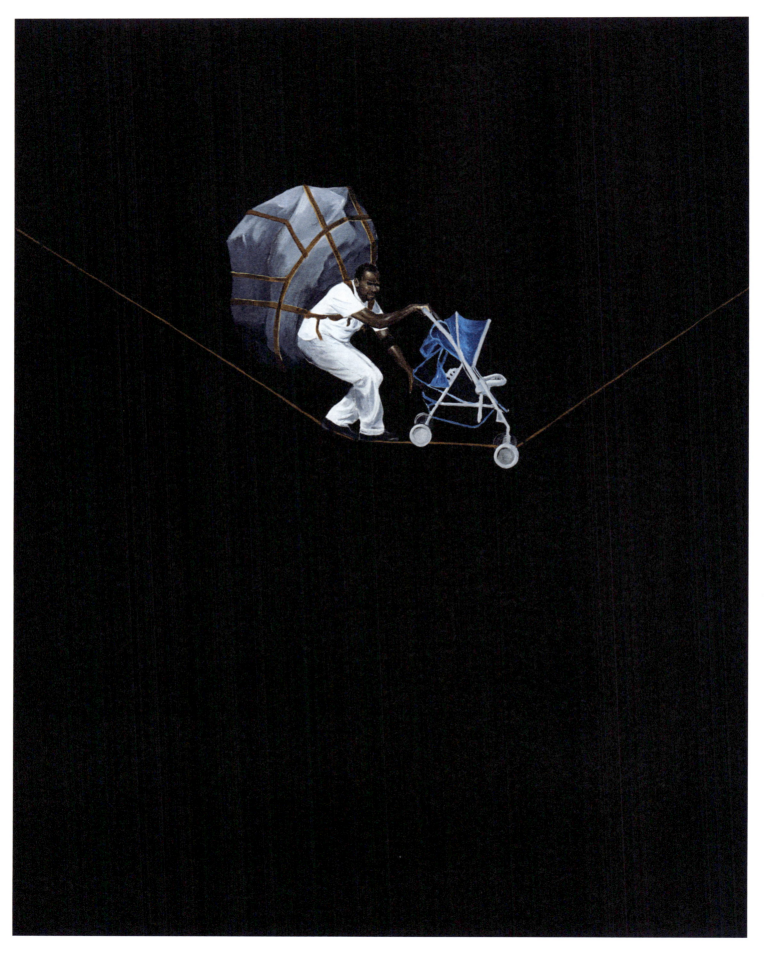

Bem me quer, mal me quer, da série *Relações delicadas*, 2010

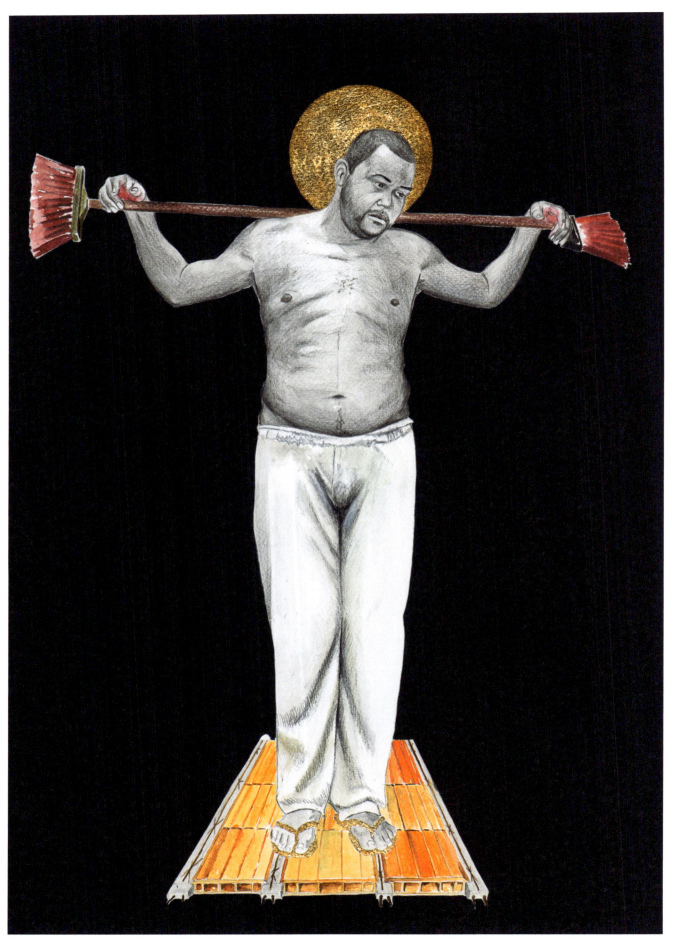

A laje, 2012

Demiurgo II, 2010

Estudos para *Imolação*, 2009/2014

Estudos para *Imolação*, 2009/2014

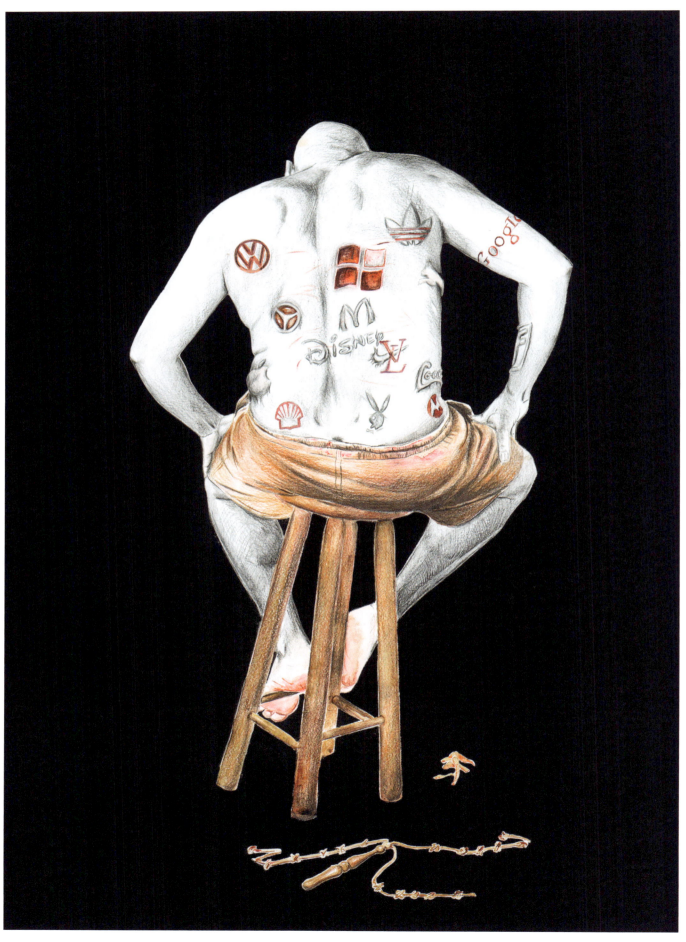

Açoite, 2012

SIDNEY AMARAL FOI UM ARTISTA INQUIETO. Comprometido com a experimentação, o estudo e o aperfeiçoamento técnico, passou por diferentes linguagens e materialidades no desenvolvimento de um estilo singular. Suas obras provocam estranhamentos, com montagens sofisticadas das quais afloram erotismo, ironia, sensibilidade e crítica social. Amaral tinha a qualidade de acessar as profundidades da vida humana e se preocupava com o impacto no mundo das coisas que fazia, tanto em seu convívio pessoal como em ações públicas. Por toda a vida, ele criou encantamentos para diminuir a distância entre os espaços privado e coletivo.

Nas instalações *Os chinelos da Mara* (2001) e *Acesso restrito* (2006), o artista paulista constrói espaços e utensílios cotidianos em mármore e bronze dourado. Na primeira, vemos parte de um boxe de banheiro com os chinelos de sua então namorada, Lucimara, com quem depois se casou e manteve relação até seu falecimento precoce, em 2017. A segunda obra retrata os bastidores frequentados por trabalhadores na montagem de uma exposição, com itens banais, como um balde de tinta, uma escada e um extintor de incêndio esculpidos de modo exímio em mármore, bronze e porcelana. Se *Os chinelos da Mara* nos levam para a intimidade do lar do artista, *Acesso restrito* remete à necessidade de romper com as paredes e as portas da desigualdade social e trabalhista no mundo das artes, dando visibilidade a um mercado precarizado.

A intimidade com as imagens começou na adolescência, pelo universo dos gibis e das HQs. Seu pai, Antônio Carlos do Amaral, era funcionário de uma editora gráfica e costumava levar para casa alguns dos materiais impressos, que eram rapidamente apropriados pelo filho – tanto que Sidney chegou a receber o apelido de Gibi, na infância. O pai conta que, não contente com apenas ler e ver as imagens, o garoto já fazia recortes e colagens, criando narrativas visuais autorais.

Com o ingresso de Amaral no curso de artes visuais da Faculdade Armando Álvares Penteado (Faap), em São Paulo, em 1995, as montagens foram ganhando novas camadas. Segundo Lucimara Amaral, viúva de Sidney, o artista se dedicou intensamente à produção de colagens bidimensionais durante os anos de graduação e o início da docência, entre 1995 e 2005. Nessa época, era comum que pedisse às pessoas de seu entorno, inclusive a seus alunos, a doação de revistas, como *Marie Claire*, *Caras*, *Claudia* e outras publicações populares nas décadas de 1990 e 2000.

Não é por acaso que corpos brancos e elementos de consumo burguês aparecem com frequência nessas colagens: são as imagens que a mídia na época produzia e divulgava como retratos da sociedade brasileira. A ubiquidade desse imaginário na mídia e a naturalização daqueles corpos e modos de vida como padrões sociais impactaram a criação desses primeiros trabalhos. Durante o processo de organização do espólio do artista, iniciado em 2021, descobriu-se uma quantidade surpreendente de impressos acumulados no ateliê, entre pilhas de revistas, gibis e HQs, demonstrando a importância que o artista dava a esses materiais.

A exposição *Sidney Amaral, um espelho na história* (2022) trouxe a público obras ainda pouco conhecidas e divulgadas. No caso das colagens, não se sabe se sua circulação limitada se deu por escolha do próprio artista ou por serem compreendidas pelos curadores como estudos ou trabalhos de início de carreira, e que, portanto, ocupariam um lugar de menor destaque na produção de Amaral. Em sua maioria sem títulos, as colagens apresentam composições variadas de ambientes oníricos povoados de seres ficcionais, ora familiares, ora repulsivos. As experimentações livres – ainda que repletas de críticas veladas – revelam uma mente animada, que buscava expandir seus limites. Os variados tamanhos e técnicas de finalização, como a plastificação para o emolduramento, o uso de fotocópias ou reimpressões e a justaposição de colagens, demonstram que o artista estava comprometido com todas as etapas da produção: da captura das imagens ao acabamento da obra.

Apesar da linguagem em comum, os motivos de cada colagem são evidentemente distintos. Muitas cenas destacam a paisagem natural ou arquitetônica, remontando espaços internos ou externos e ocupando-os com figuras híbridas, formadas por fragmentos de pessoas, animais e vegetais. Não raro, os personagens estão engajados em ações desagregadas e repletas de erotismo.

Não é por acaso que corpos brancos e elementos de consumo burguês aparecem com frequência nessas colagens: são as imagens que a mídia na época produzia e divulgava como retratos da sociedade brasileira.

Por exemplo, numa cena que mistura praia, montanha e centro urbano, vemos seres diversos formados por recortes de corpos de adultos nus e de crianças. Uma figura feminina tem um enorme olho no lugar da face e, na parte de baixo, uma fruta estragada, cuja polpa vermelha parece um ânus envolto por abelhas. Outro ser, coberto por uma batina religiosa, traz as mãos juntas em prece e, no lugar da cabeça, um pênis ereto – enquanto uma faca perfura suas costas.

Essas imagens remetem, por exemplo, a obras de Hieronymus Bosch, pintor holandês do século 14, que, no tríptico *O jardim das delícias terrenas* (1503-1515) – dividido entre paraíso, pecado e inferno –, explora o imaginário sobre o bem e o mal na liturgia cristã, representando os desejos humanos reprimidos com cenas de orgias, repulsa e condenação.

Outra referência para a elaboração das colagens, de acordo com Lucimara Amaral, foi o artista espanhol Salvador Dalí, um dos expoentes do movimento surrealista europeu no início do século 20. Com foco no estudo psíquico da mente humana, os surrealistas viam nas artes meios para explorar o inconsciente e confrontar a racionalidade e as noções de realidade. A colagem foi uma linguagem amplamente utilizada por eles, pois, além de promover a junção de elementos, ela possibilitava a extrapolação do realismo nas artes.

No contexto brasileiro, o artista paulista Octávio Araújo, que também trabalhava com colagens – e faleceu apenas dois anos antes de Amaral –, foi possivelmente outra grande influência. Com obras em acervos importantes, como o Museu Afro Brasil, o Centro Cultural São Paulo e a Pinacoteca do Estado de São Paulo, Araújo produziu um conjunto de cenas inusitadas, com destaque para as ruínas arquitetônicas e as inquietantes montagens com corpos humanos.

Além de evidenciarem a imensa habilidade técnica de Amaral para fragmentar e manusear as imagens, as colagens compõem o arsenal conceitual e discursivo do artista, sintomas de sua forma de observar e refletir sobre o mundo. "Gosto de pensar toda a minha produção de modo híbrido, de vasos comunicantes, onde um parece outro, onde tudo se mistura com tudo", comenta o artista em entrevista ao crítico e curador Alexandre Araújo Bispo publicada na revista *O Menelick 2º Ato*, em 2012. "A proposta é criar um conflito em que as linguagens se bifurcam e se entrelaçam."

Esse processo investigativo se aplica a outros trabalhos desenvolvidos ao longo da carreira; Amaral faz da colagem um modo de criar, independentemente da linguagem e da materialidade escolhidas. Esculturas como *Ressentimento (meu animal doméstico)*, *Animal político I (o impecável)* e *Longe de mim, fora de si e longe daqui*, todas de 2014, são exemplos dessa compreensão: as três obras unem elementos cotidianos e geram no espectador múltiplas leituras e estranhamentos. *Ressentimento* traz uma panela de pressão com boca e dentes à mostra, suspensa por uma longa coluna formada por ossada animal. Por que representar a cabeça como uma panela de pressão? Seria uma alusão à própria mente, ao estado psicológico do artista? Em analogias similares com o corpo humano, as outras esculturas apresentam, respectivamente, uma tubulação de encanamento com uma xícara de bronze na ponta e bexigas de ar com orelhas humanas esculpidas nas laterais. Amaral utiliza a disjunção e a fragmentação para promover o seu oposto: a aproximação e a sensibilização dos espectadores.

Nas pinturas, é possível encontrar associações semelhantes. O políptico *Incômodo* (2014) remonta, com diversas cenas, às lutas pela liberdade no Brasil. Quatro painéis reposicionam figuras históricas emblemáticas e engendram referências pessoais e coletivas. Entre elas, personalidades fundamentais para a abolição da escravatura, como o advogado e abolicionista Luís Gama, o poeta Castro Alves, o jornalista José do Patrocínio e o líder abolicionista Francisco José do Nascimento, o Dragão do Mar. Cenas de celebrações aludem ao legado africano e afro-brasileiro no Brasil: crianças alegres brincando, demonstrando afeto e celebrando a vida;

Em muitas dessas obras, o artista cobre o fundo da tela de preto para fazer sobressair figuras envoltas em dilemas humanos, que revelam fragilidades coletivas, a partir de metáforas visuais.

uma mulher grávida com as mãos apoiadas na barriga, aguardando o nascimento do filho. Cada imagem foi criteriosamente selecionada pelo artista para articular relações entre passado, presente e futuro. Além das imagens consagradas e familiares, também podemos identificar algumas figuras originárias das revistas guardadas pelo artista em seu ateliê.

Em outras obras, o processo de colagem é parte da metodologia de pré-produção, como o gesto de emprestar sua própria imagem, por meio da fotografia, para a posterior elaboração de pinturas e desenhos. Era responsabilidade de Lucimara, na produção desses retratos, chegar à "fotografia perfeita", o que envolvia não apenas manusear a câmera ou apertar o botão do obturador, mas, sobretudo, compreender o processo criativo e investigativo de Amaral. Essas fotografias mostram o artista encenando diferentes sujeitos de si e outros personagens. Então, com a fotografia em mãos, Amaral estudava variadas técnicas de transferência, como o desenho de observação e o uso de transparências. Para *O limite do meu talento* (2010), por exemplo, ele posou com o carrinho de bebê de sua filha em um gramado. A tela retrata um pai, com uma enorme pedra amarrada ao corpo, empurrando um carrinho de bebê enquanto se equilibra numa corda bamba.

Em muitas dessas obras, o artista cobre o fundo da tela de preto para fazer sobressair figuras envoltas em dilemas humanos, que revelam fragilidades coletivas, a partir de metáforas visuais: um lutador de boxe jaz inerte diante de um vestido de noiva pendurado no lugar do saco de pancadas; um artista barqueiro navega sozinho na vasta imensidão e opressão do sistema das artes; um sujeito que precisa lidar com o racismo e as sutilezas das tensões raciais limpa exaustivamente uma ovelha, para deixá-la branca; gêmeos siameses unidos pela cabeça sentam-se de costas um para o outro em carteiras escolares – enquanto um estuda, o outro se alimenta; um Cristo de chinelos se sustenta sobre uma laje, com cabos de vassoura representando sua cruz.

"Procuro mostrar, através da relação do meu personagem com os objetos apresentados, como a comunicação entre as pessoas é difícil, mesmo entre aqueles que se amam", diz Amaral na entrevista a Araújo Bispo. "Como o lar pode também ser o espaço da não comunicação entre os que ali habitam?", indaga o artista.

Na obra de Amaral, essas imagens se afiguram como mais do que meras representações e metáforas: elas são partilhas reais, nas aberturas das emoções do artista. A maioria das cenas está associada às vivências de Amaral, que nunca negou que suas pinturas são colagens de si – mas também nunca as reduziu a apenas isso. São imagens ambivalentes, que extrapolam a superfície do visível e nos levam às profundezas da psique. Nos vários retratos com uma arma apontada para a cabeça, por exemplo, o artista nos choca com a cena de violência ao mesmo tempo que nos encanta com o primor técnico da pintura. No confronto face a face entre nós e essas obras, na inquietante pulsão de morte e de vida, de beleza e de repulsa, também nos reconhecemos.

A colagem e a fotografia em Amaral recompõem os traços do (seu) real, em que coabitam o artista sensível, o técnico, o crítico e o político. A frustração e a angústia humana, as vontades e as extravagâncias, as repressões e os demônios internos – como lidar com eles? Com a obra de Amaral, passamos a habitar esse lugar permissivo à imperfeição, lugar de reformulação, de crítica de si e do mundo. O artista se colocava como espelho da história:

"Vejo minha obra sempre como um espelho que, ao ser olhado por muito tempo, nos lembra dessas metamorfoses do mundo, do meu querer estar no mundo e encontrar esse meu lugar... Sou um ser que estou deslocado todo o tempo", disse ele na entrevista de 2012. Que sua presença reverbere em nós e que sua vida e sua obra sejam nosso espelho por muitos anos e gerações. ///

IMAGENS CEDIDAS PELA ALMEIDA & DALE GALERIA DE ARTE.

MÚLTIPLA EXPOSIÇÃO

A fotojornalista **GABRIELA BILÓ** expõe os bastidores da profissão ao rememorar atos recentes da política nacional em Brasília: a posse de Lula, a invasão dos palácios do governo e o dia em que foi acusada de atirar no presidente.

1º DE JANEIRO DE 2023

O tempo corre diferente em Brasília. A passagem dos anos se conta de quatro em quatro. É Ano-Novo na capital política: dia da posse presidencial.

Meia-noite. Estou exausta. Venho em um ritmo intenso de trabalho, 10, 12, 14, 16 horas por dia. Às vezes, sem folga. Desde a eleição, não parei. Fui para a Copa no Catar logo depois que Lula foi eleito e voltei antes da final. Meu pai teve um ataque cardíaco. Sete dias em São Paulo acompanhando meu pai no hospital e já estou aqui de novo, em Brasília, trabalhando. Eu amo isto aqui.

Passo o Ano-Novo em um apartamento de amigos perto da minha casa. À meia-noite, me despeço de todos, 0h30 já estou em casa. Verifico mais uma vez baterias, computador, câmeras, lentes e lanche. São duas câmeras Canon, uma lente 70-200 mm f/2.8, uma 16-35 mm f/2.8 e uma 400 mm f/2.8; guarda-chuva, capa; roupas confortáveis e bonitas, boné, protetor solar, água. Tudo aqui. Tenho menos de cinco horas de sono. A primeira foto que farei do novo presidente na posse será por volta das 16h, mas às 5h da manhã já estarei na fila para garantir o melhor lugar.

Mal durmo, estou ansiosa. Não tomo remédio para dormir para não ter risco de rebote no dia seguinte. Serão as últimas fotos do meu livro. Estou fotografando para a *Folha de S.Paulo* e, como sempre, para mim mesma. Será uma das posses mais simbólicas da história da democracia brasileira, tenho que ser perfeita. Amanhã, o melhor do melhor de mim. Não posso errar. Não consigo dormir.

O despertador toca, meus olhos já estão abertos. Chego às 5h20 no Banco do Brasil, o ponto de encontro determinado para os ônibus que levarão a imprensa credenciada para a posição de foto. A Esplanada está fechada; por isso, o translado especial. Mesmo chegando a essa hora, já sou a terceira da minha fila.

Os outros dois na minha frente são fotógrafos de fora de Brasília, que vieram especialmente para a posse. A cidade está cheia de fotógrafos do Brasil inteiro. É uma delícia, uma festa, um grande encontro. Há poucas mulheres.

O primeiro da minha fila é um dos meus fotógrafos preferidos, mas só após algumas horas de conversa me dou conta disso. Nesse meio, conhecemos muito os nomes uns dos outros, mas pouco os rostos. Dei sorte: na minha fila, só fotógrafos legais. Isso faz toda a diferença, vamos passar cerca de 12 horas juntos, confinados lado a lado, com centímetros de distância. Muitas vezes, dá briga; é normal, do jogo.

Sugiro montarmos uma fila para cada posicionamento. Como sou umas das primeiras, é mais fácil organizar. Monto uma lista no meu celular com quem vai chegando. As outras filas fazem o mesmo. Os primeiros de cada fila ficam responsáveis pela atualização da lista. Alguns fotógrafos amigos sempre tiram sarro de mim, dizendo que sou

Um grupo de apoiadores de Lula começa a nos aplaudir e a gritar: "Viva a imprensa! Obrigado, imprensa." Eu me emociono, choro um pouquinho. Foram anos difíceis, esses quatro últimos. Um outro fotógrafo sussurra para mim: "Vamos aproveitar este momento, semana que vem já estarão nos odiando".

"organizadora de pauta". Tenho mania de pedir para todos recuarem juntos, se afastarem juntos etc., para garantir uma cobertura mais confortável para todos. Se todo mundo colabora, todo mundo faz a foto sem acotovelamentos.

São horas de espera em um estacionamento a céu aberto, dividindo biscoitos, frutas, água e chicletes. O papo é bom, passa rápido.

Agora são 11h da manhã, começamos a embarcar nos ônibus. Uma equipe de cinegrafistas chega direto no ônibus e tenta passar na frente. Dá briga. Mostramos as listas como se fossem documentos oficiais. Dá certo.

Entramos no palácio do Planalto pelos fundos, subimos para a Esplanada. Este ano, vou fotografar o parlatório. O parlatório é uma estrutura na frente do palácio feita para o presidente falar ao povo na praça dos Três Poderes. Me posicionar no parlatório significa que farei fotos do discurso da posse. São cinco posicionamentos que demandam credencial: no caminhão de imprensa que vai na frente do Rolls Royce, dentro do Congresso, no pé da rampa presidencial, dentro do palácio do Planalto e o parlatório, onde estou.

A faixa normalmente é colocada no parlatório, mas este ano será diferente, na rampa. Quando eu soube, já era tarde, estava credenciada para o parlatório. Eu e meu colega fixo de Brasília tivemos prioridade na escolha das posições porque somos daqui, é uma regra de cortesia entre quem cobre. Os da casa têm prioridade.

Borboletas no estômago antes de começar a fotografar, que vão embora quando faço a primeira foto do presidente. O dia em que elas não aparecerem mais, a fotografia terá perdido o sentido para mim.

Cruzamos as quatro pistas em frente do palácio para acessar a estrutura montada diante do parlatório. Ao chegar perto dela, um grupo de apoiadores de Lula começa a nos aplaudir e a gritar: "Viva a imprensa! Obrigado, imprensa." Eu me emociono, choro um pouquinho. Foram anos difíceis, esses quatro últimos. Um outro fotógrafo sussurra para mim: "Vamos aproveitar este momento, semana que vem já estarão nos odiando".

A estrutura estava tomada por apoiadores, tivemos que abrir caminho no meio da multidão para conseguir chegar ao local reservado. Não estava tão reservado assim. Fiquei no melhor lugar que a terceira posição da fila podia me garantir.

Fui ríspida com algumas pessoas ao pedir que liberassem o espaço da imprensa. Me arrependo da rispidez. Tive que chamar o segurança para uma senhora que estava pendurada do lado de fora da estrutura, gritando que se ela caísse a culpa seria nossa. Pequenos estresses desnecessários. Estava muito quente, e a multidão passava mal com o calor.

Lula se atrasou pouco. Normalmente, se atrasa bastante. Quando chegou, eu já estava muito cansada. Dou uns tapas na própria cara, para focar. "Momento histórico, se concentra." Para mim, a Copa do Mundo é essa. Não abriria mão de estar aqui por nada. É o momento mais importante da política. Não estou nervosa, estou confiante. Borboletas no estômago antes de começar a fotografar, que vão embora quando faço a primeira foto do presidente. O dia em que elas não aparecerem mais, a fotografia terá perdido o sentido para mim.

"Ele vai chorar", avisa o fotógrafo amigo do lado. A luz cai perfeitamente no rosto do Lula. Ele chora. Faço a foto. Forte. Minha favorita.

Foi bonita a festa. Fiz algumas fotos da multidão e mandei em tempo real, pelo celular mesmo. Com as fotos do discurso, fui um pouco mais cuidadosa na edição. Avisei ao jornal qual era minha favorita. No jargão, a gente diz que "vendeu" essa foto. A mais bonita para mim foi de quem estava dentro do palácio – que não era o meu caso. Fiquei bem satisfeita com as minhas fotos, mesmo assim. Fiz o melhor que pude.

Saindo do palácio, fui direto para o festival de música que Janja organizou. Lula apareceu lá pelas 23h. Meu colega da *Folha*, Pedro Ladeira, me fez companhia. Nós estávamos exaustos e decidimos ficar juntos até o fim. Tomamos uma cerveja enquanto fotografamos os shows. Feitas e enviadas as fotos, fomos comer alguma coisa. Já era quase 1h da manhã, passei o dia com biscoitos e um lanche no estômago. Cheguei em casa às 2h. No dia seguinte, acordei às 7h para fazer a posse dos ministros. Dormi em cima da minha lente 400 mm enquanto esperava começar o evento. Por causa do cansaço, não fiz um bom trabalho. O jornal deu um *feedback* discreto: "As fotos estão bonitas, mas falta a sua linguagem. Não vimos a Biló." Falhei. Dois dias depois, eu estaria doente de exaustão.

8 DE JANEIRO

Faço uma concha com as mãos, encho de água e jogo no rosto. Uma, duas vezes. "Vamos, Gabriela, acorda." Não consigo.

Estou no banheiro de um restaurante na Asa Norte. O bar, sempre barulhento, agora está emudecido, todos os olhos voltados para a TV. Estão tentando dar o golpe.

Era minha folga naquele dia; geralmente, não trabalho no fim de semana. Amanheci com a sensação de fogo na cabeça. Na noite anterior, quase fui reconhecida dentro do acampamento bolsonarista, em frente ao QG do exército, e achei melhor mudar o visual. Em casa, cortei e pintei os cabelos de preto. Até então, a cabeça era loira e rosa; agora, preto-azulada e cheia de bolhas no couro cabeludo – tive uma reação alérgica. Tomei uma dose cavalar de remédio de manhã, e me lembro de, pouco antes de o garçom chegar com a minha parmegiana, a TV mostrar o horror ao vivo. "Não consigo pensar, tem uma névoa na minha mente", verbalizei.

Completamente em choque com a imagem do Congresso sendo invadido, decido ir para casa, pegar as câmeras e partir para a Esplanada. Percebo que me mexo como em um sonho. "Estou fora de mim, não vou saber me posicionar, vou colocar minha vida em risco", pensei.

"Calma, Gabriela. Deixa a adrenalina bater, ela vai te acordar. Continua assistindo à TV. É o golpe. É o nosso Capitólio. Bate, adrenalina, bate, por favor. O que você vai contar para si mesma amanhã? Que viu tudo pela TV? Que pintou o cabelo e por isso perdeu um momento histórico? Vamos lavar o rosto."

Faço uma concha com as mãos, encho de água e jogo no rosto. Uma, duas vezes. "Vamos ser sinceras? Você realmente acha que não vai acordar ao chegar lá ou está com medo do fracasso, de chegar atrasada, de dizer que foi, mas fez um trabalho medíocre porque àquela altura todos já tinham feito tudo e você pegou apenas o fim?" Tenho medo do fracasso. Então, desta vez, fazer o melhor possível tem que ser suficiente. Sem se cobrar demais... Só desta vez.

Fomos.

Escolho meus equipamentos: uma lente grande-angular em uma câmera, uma teleobjetiva em outra – duas câmeras, para não perder tempo trocando lentes. Roupas confortáveis – não vou fantasiada de golpista –, máscara de gás e capacete. Meu capacete é vermelho, o mesmo desde 2013. Comecei a usar o vermelho; a cor da imprensa é azul. Escolhi esse para minha mãe me identificar pela TV, nas manifestações de 2013, e não ficar preocupada. Não levo *laptop*; quero parecer amadora, apesar do equipamento. *Laptop* traz a ideia de tempo real, de transmissão, de jornalismo profissional. Hoje, sou apenas uma curiosa com câmeras.

Chego ao Congresso andando. Há pessoas sentadas no gramado, como em um piquenique, faixas de intervenção por todos os lados. Antes de fazer minha primeira foto, um homem me puxa pelo braço e pergunta: "De onde você é?".

"São Paulo", respondo, como se não tivesse entendido que ele queria saber o veículo de imprensa em que trabalho. Abro um largo sorriso, dou dois apertões em seu ombro, como se mostrasse cumplicidade e excitação por estar ali. Ele fica confuso, eu saio andando.

"Basta um. Basta *um* desconfiar da gente, e seremos linchadas." Sim, eu falo comigo mesma no plural. Mas acho isso normal.

Subo a rampa do Congresso. "Aqui já foi, vamos para o STF direto." Cruzo pelo teto e chego ao STF. No caminho, vou fotografando tudo. Fecho o diafragma da lente: quero tudo em foco. Todos esses rostos precisam ser lembrados, nada de eliminar elementos usando desfoque; quero foco em tudo que as lentes conseguirem captar. Um homem sobe na cabeça da estátua da Justiça e balança os braços. Faço a foto, tudo em foco.

Chego à entrada do STF. Está irreconhecível, fico desorientada. Tento percorrer o caminho de sempre para chegar ao plenário, mas não consigo, o salão está desfigurado. A polícia chega e grita para eu sair. Eu saio. Não consigo chegar ao plenário.

Atravesso a praça, vou para o Planalto. Subo a rampa presidencial. Todos andam como zumbis, de um lado para o outro, alguns rezam de joelhos no salão nobre. Dou uma rápida volta pelos corredores, não fotografo toda a destruição que vejo, tento disfarçar. Faço movimentos lentos, não busco ângulos.

"Apaga essas fotos!", um homem todo mascarado grita para mim.

"Qual?", pergunto, calmamente.

"Todas."

"Todas não, moço. Você pode escolher a que não gostou, mas quero guardar minhas fotos de recordação."

Ele parece confuso. Se distrai, troco os cartões de memória. Quando ele volta a atenção para mim, mostro no visor da câmera o cartão sem imagens.

Janelas se estilhaçam ao meu lado. Não me mexo, olho para a praça dos Três Poderes e sorrio, como se admirasse o caos. Quero parecer um deles. Viro-me lentamente, faço uma sequência de fotos.

"O que você está fotografando?!", pergunta outro mascarado raivoso.

"Momento histórico", respondo, sempre sorrindo. Ele desiste.

Faço minha última foto e baixo no celular para mandar para o jornal; apenas uma. Quando abro o celular, há dezenas de mensagens perguntando se estou bem. Muitos colegas foram espancados e roubados. Alguns acharam que iam morrer; alguns ainda não voltaram a trabalhar.

Decido ir embora. Durou 53 minutos a minha volta pelo inferno. No dia seguinte, minhas fotos estamparam as capas de vários jornais do país.

"Não falei, Gabriela? O que dá para fazer é só o que se pode fazer. Não se exija mais do que isso."

Janelas se estilhaçam ao meu lado. Não me mexo, olho para a praça dos Três Poderes e sorrio, como se admirasse o caos. Quero parecer um deles. Viro-me lentamente, faço uma sequência de fotos. "O que você está fotografando?!", pergunta outro mascarado raivoso.

Rescaldo. Rescaldo é como chamamos o depois de uma grande tragédia, as consequências. No dia seguinte, fui fazer o rescaldo. Chego bem cedo ao Planalto, ando pelos salões que vi sendo destruídos no dia anterior. Ficou ainda pior depois que eu saí. O clima era de velório, pesado e triste. Depois de alguns minutos, chegam seguranças dizendo que eu precisava de autorização da assessoria de imprensa para fotografar. O trabalho já está feito, vou para o Congresso.

Eu ainda não tinha visto a dimensão do dano no Congresso. Meus pés afundam em uma água fétida. Os passos ecoam nos salões alagados. Faço as fotos, volto para casa, choro.

Dias se passam, ainda estou digerindo tudo o que vi. A posse das ministras Anielle Franco e Sonia Guajajara acontece num Planalto quebrado. É quase bonito e poético, se não fosse uma tragédia política.

Chego em casa e tiro uma tarde para olhar todo o meu material e separar fotos para o livro que estou lançando. Entre os *frames*, olho com mais atenção a foto de um homem em cima da cabeça da estátua. Logo abaixo dele está uma mulher pintando a estátua, capturada com as mãos cheias de tinta, comemorando o vandalismo. Tudo em foco. Aviso a redação: vamos apurar e publicar o quanto antes.

Entendo o meu privilégio e a responsabilidade de ser um dos olhos que registram o poder e testemunham a história. O Planalto está quebrado. Nossa democracia foi atacada, trincou. Ainda não estamos a salvo do golpe; eles estão entre nós, é preciso estar vigilante.

19 DE JANEIRO – O DIA EM QUE MATEI O PRESIDENTE
A vida no Planalto parece querer seguir. Estamos em um palácio sem janelas. O vento corta os salões, faz frio. Alguns itens pessoais foram roubados do meu armário na sala de fotógrafos. Não reclamo, podia ser meu o sangue que vi pelo chão do comitê de imprensa. Não era.

Entendo o meu privilégio e a responsabilidade de ser um dos olhos que registram o poder e testemunham a história. O Planalto está quebrado. Nossa democracia foi atacada, trincou. Ainda não estamos a salvo do golpe; eles estão entre nós, é preciso estar vigilante.

Subo para o terceiro andar do palácio. Vai começar uma agenda presidencial com Lula. Olho as janelas quebradas, penso em como estivemos perto de perder tudo. Penso na resistência. As pessoas confiam nos meus olhos. Não está tudo bem. Não posso fingir que está tudo bem, seria mentira se o fizesse. É doloroso.

Coloco a câmera no modo de múltipla exposição. Aponto para a janela: um clique. Aponto para o presidente e espero. Espero um gesto que traduza o que vejo, o que percebo. Outro clique. Uma foto, dois cliques. Gosto da expressão de vitória do presidente com o punho para cima diante de uma linha torta da rachadura que desce até o meio da foto. Não gosto de não ter conseguido enquadrar direito para deixar a foto plástica, bonita, limpa. As letras no cenário no fundo do palco aparecem demais e poluem a imagem. Tento mais uma vez. Nessa nova foto, Lula sorri, ajeita a gravata, reage. Uma realidade, dois cliques, uma foto.

Gosto da foto. A foto que ninguém quer ver. A foto que ninguém queria que pudesse existir. A foto repudiada. A foto que eu jamais poderia ter deixado de fazer.

Comunico ao jornal que fiz uma foto forte. Nem chego a mandar a primeira. Explico a técnica, descrevo. Digo o que vi ali. Cumpro todas as regras e assumo todas as minhas responsabilidades. Sou o mais honesta possível sobre o processo.

A foto é publicada na capa. Só sei que é capa junto com todos os leitores, às 23h, no aplicativo do jornal. Gosto da foto. Daria na capa.

O que querem de mim nas redes é que eu diga que errei, que me arrependo de ter feito a foto. Seria mais fácil se eu pedisse desculpas e fingisse que acho a foto um erro. Não seria honesto ceder ao clamor midiático, se não é nisso que acredito.

Gosto da foto, faria de novo se tivesse que decidir sabendo de todas as consequências – lidei com o melhor e com o pior delas. Pedir desculpas pelo meu trabalho seria me trair.

A partir daí, a foto já não é minha. Já não faz diferença o que penso ou o que digo. Para muitos, matei o presidente. O ódio é tão grande que me sufoca num ataque de manada misógino, etarista e conservador. Sofro ameaças de morte. O Planalto solta uma nota contra mim: "Uma ameaça à vida do presidente". Minha foto... Eu? Uma ameaça à vida de um chefe de Estado. Alguns grupos de fotógrafos seguem cegamente a nota do governo.

Naquele momento, entendo a repulsa à foto como uma repulsa à realidade. "Isso nunca aconteceu", dizem alguns sobre a imagem.

No dia seguinte, estou com uma gastrite que me faz contorcer de dor; a alergia volta, atacando o pescoço e os ombros. Volto ao Planalto. Alguns olhares tortos. Uma assessora se aproxima. Pergunto, em tom de brincadeira: "Vão me deixar entrar hoje?". "Claro. Vi resistência na sua foto." Sorrio.

Subo novamente, desta vez, ao quarto andar. Estou indo fazer o retrato de um ministro. Ele abre a porta, me abraça demoradamente. "Eu sinto muito. Não se deixe abalar. Esse ódio todo é absurdo." O ministro me conhece e gosta do meu trabalho.

Desço para esperar a janela de imagem para entrar no gabinete do presidente. Janela de imagem é como chamamos os poucos segundos que temos para entrar e fotografar alguma reunião importante. A presença de repórteres não é permitida, apenas fotógrafos, e só por alguns segundos. Estou no pé da rampa interna do salão nobre. Amigos fotógrafos me abraçam. A vida real não traduziu o ódio que recebi pelo celular. Outro ministro desce a rampa, caminha até mim. "Como você está?", pergunta.

"Estou bem, só muito decepcionada com a nota do Planalto contra mim." Sou direta.

"Foi descabido, não tinha que ter nota nenhuma. Não passou por mim, eu sinto muito, me desculpe." Aceito as desculpas.

Fiquei profundamente decepcionada, sobretudo com muitos colegas. Queria viver nesse mundo deles, onde a verdade é uma coisa só. Ou melhor, não queria: que mundo triste esse, cheio de certezas... Tomo longos banhos e lavo de mim a decepção.

Dias depois, a matéria da mulher que vandalizou a estátua da Justiça é publicada. Identificamos a golpista. A presidente do STF me agradece pessoalmente, com lágrimas nos olhos. Me emociono também.

Mais uma semana. A passagem do tempo joga a meu favor. As notas de repúdio contra a violência que sofri por fazer a foto se multiplicam, as mensagens privadas de desculpas também.

Me pergunto se o fotodocumentarismo de Claudia Andujar e Walter Firmo sofreram os mesmos tipos de ataque. Descubro que sim. Fotojornalismo pode ser arte? Um debate muito antigo e sem resposta.

Faço a foto da Justiça sendo lavada, aos baldes, para tirar as palavras "perdeu, mané" que a golpista pintou. O silêncio faz ecoar o barulho do impacto da água na estátua. A água vai lavando tudo. Escoa o trauma recente, agora mais forte do que nunca. A foto viraliza.

A vida segue. Fica para a história o curioso caso da foto que ameaçou a vida de um presidente. Penso no poder da imagem.

Para muitos, matei o presidente. O ódio é tão grande que me sufoca num ataque de manada misógino, etarista e conservador. Sofro ameaças de morte. O Planalto solta uma nota contra mim: "Uma ameaça à vida do presidente". Minha foto… Eu?

EPÍLOGO

Hoje vejo como muitas coisas que parecem certas e definitivas podem subitamente mudar. Provavelmente, em alguns anos, vou reler este relato com distanciamento e ter outra opinião sobre o que aconteceu. Como tudo na história.

Mais um dia no Planalto. A iluminação mudou, as roupas das pessoas nos gabinetes mudaram. Antes, terninhos e saltos altos; agora, roupas esvoaçantes e estampadas, sandálias baixas. O balanço de branco também mudou. Eu me divirto com as coincidências do mundo: antes, eu fotografava um presidente com a pele que puxava para o amarelo; agora, a pele do presidente que encaro todos os dias é magenta-avermelhada. Só me cabe observar e registrar tudo, na tentativa de, assim como uma fotografia, ser imortal de alguma forma. ///

+

A verdade vos libertará, de Gabriela Biló, Pedro Inoue e Medo e Delírio em Brasília (Fósforo, 2023)

ARAPUCA

Em série inédita, a artista **RENATA FELINTO** expõe
a batalha contra os novos e velhos sistemas de
vigilância, opressão e controle social.

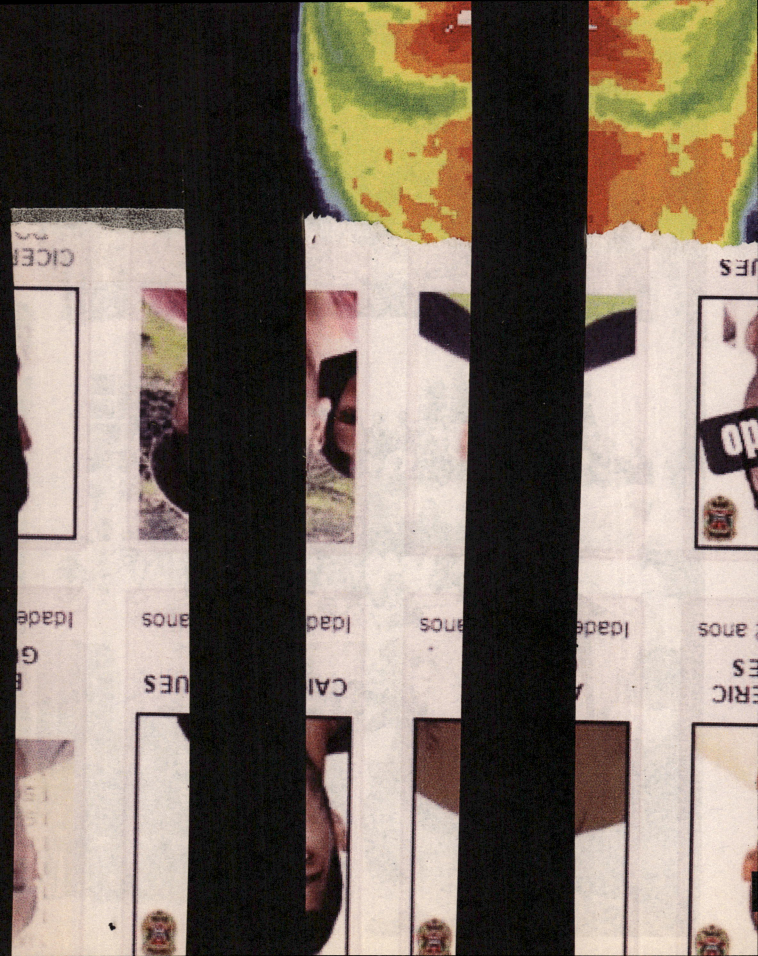

AS INTERDIÇÕES da pessoa humana que difere da norma branca têm sido atualizadas de forma a garantir às estruturas de controle do corpo uma suposta lisura atribuída à ciência e às tecnologias de monitoramento e de segurança. A captura da presença, seja pelo visual, pelo audiovisual, pela mensuração de temperatura, pela detecção de movimentos, dentre outros sistemas de identificação e de registro, nos é imposta como inescapável.

Os meios tecnológicos que permitem essas diversas formas de vigilância e de classificação de tipos humanos e de seus trânsitos não são uma novidade, e se fundamentam na diferença e na variedade de fenótipos das pessoas como um sinalizador de perigo. As pseudociências, como a frenologia, desenvolvida pelo médico alemão Franz Joseph Gall, no fim do século 18, cujo maior expoente é o médico italiano Cesare Lombroso, são deterministas ao afirmar que, a partir de características biológicas que se expressam no fenótipo, se pode aferir uma série de informações sobre os indivíduos, do temperamento ao caráter e à personalidade, ou mesmo à propensão à criminalidade.

O estadunidense L. A. Vaught publicou, em 1902, um manual ilustrado detalhado apontando como as particularidades físicas estavam relacionadas às características psicológicas, emocionais e de juízo, segundo essa doutrina moral e ideológica. O livro de 254 páginas é uma grande ficção sobre a sinalização da diferença como ameaça à ordem política, social e familiar.

Com a presença de populações não brancas na Europa e nos territórios invadidos pelas nações europeias, essas mesmas teorias propagaram-se como ferramenta de regulação social. Das condições de natalidade, passando pela formação educacional até as possibilidades profissionais, muitos aspectos da vida moderna eram orientados por critérios como origem, etnia, cor e cultura. As variantes estéticas de narizes, testas e bocas, entre outros marcadores, passaram a ser consideradas uma questão menor para essas falsas ciências, se comparadas à etnia, à cor e à cultura.

A possibilidade de futuro próspero passou a ser filtrada pela imagem, determinando as pessoas que teriam, ou não, as características aspiradas para viverem esse futuro. No decorrer do século 20, são inúmeras as interdições dirigidas por meio da análise da configuração fenotípica dos seres humanos, estratificando-nos em tipos desejáveis e indesejáveis, capazes e incapazes, com o propósito de selecionar os aspirantes a essa sociedade sonhada. Para isso, foram sistematizadas tecnologias da exceção que, na verdade, sempre estiveram orientadas pelo olho humano.

No caso dos sistemas de segurança por reconhecimento facial, o olho que desenvolve e realiza a testagem dos programas é falho diante de uma ampla amostragem de pessoas. A parca presença de determinados grupos humanos em alguns territórios não justifica que *softwares* comercializados para o mundo todo – com ênfase no ocidente – sejam imprecisos na distinção e identificação de mulheres, em sua gama de mulheridades, e de pessoas não brancas, de forma geral.

A falta de aprimoramento intencional dos algoritmos que guiam essas tecnologias tem o propósito de atualizar e incorporar, de forma perversa e anacrônica, as divergências de formas humanas que já foram estudadas como deformidades físicas, psicológicas, emocionais e morais incontornáveis, e que, consequentemente, precisavam ser retidas ou eliminadas.

As insurreições populares e coletivas contra a necropolítica da gestão oligárquica e estatal, empreendidas por movimentos de maiorias populacionais – embora minorias políticas –, revelam que entendemos bem o que nos é gritado por meio do controle e da opressão maquinados como segurança e bem-estar social. Assim, a imagem, em movimento ou não, declina como índice documental, de evidência criminal irrefutável, para os órgãos de segurança pública, porque está condicionada, mais uma vez, a finalidades torpes.

A falência do projeto ocidental de sociedade se projeta na inaptidão de coexistirmos com a ideia de que todas as pessoas possam transitar e erigir, ou mesmo sonhar, outros mundos, a partir da autoridade natural e singular de suas morfologias. ///

LEGENDAS E CRÉDITOS
DOS FRAGMENTOS
USADOS NAS COLAGENS

A MEMÓRIA PRECISA CAMINHAR

A partir da perspectiva Guarani, a curadora indígena **SANDRA BENITES** conversa com a parceira de trabalho **CLARISSA DINIZ** sobre a ética e a política no mundo da arte, reafirmando o compromisso da curadoria, da educação e das lutas sociais de movimentar as imagens.

Alessandra Munduruku na 2ª Marcha das Mulheres Indígenas: reflorestamente corpos e corações para a cura da terra, de Edgar Kanaykõ Xakriabá. Brasília, DF, 2021

NASCIDA NA TERRA INDÍGENA PORTO LINDO, município de Japorã (MS), em 1975, Sandra Ara Benites tem longa trajetória na pedagogia. Foi professora e atuou na gestão da educação pública no Mato Grosso do Sul, em Santa Catarina e no Rio de Janeiro, elaborando importantes reflexões, pesquisas e ensaios acerca dos desafios da educação indígena.

Colaboramos na exposição *Dja Guata Porã – Rio de Janeiro indígena*, organizada por José Ribamar Bessa e Pablo Lafuente, no Museu de Arte do Rio, em 2017 e 2018. A partir de então, temos compartilhado o interesse em aproximar, confundir e fazer frutificar as relações entre práticas curatoriais e educacionais.

No primeiro semestre de 2022, montamos o núcleo Retomadas da exposição *Histórias brasileiras*, no Masp, que teve a direção geral de Adriano Pedrosa e Lilia M. Schwarcz, e a colaboração de inúmeros curadores. Decidimos cancelar o núcleo em maio, após o Masp vetar a inclusão de seis fotografias de Edgar Kanaykõ Xakriabá, André Vilaron e João Zinclar que documentam a luta do Movimento dos Trabalhadores Rurais Sem Terra (MST) e dos movimentos indígenas contra o saque colonial e a desigualdade fundiária brasileira.

O que se desenrolou a partir de então – um debate público e uma luta até a retomada do núcleo, com a inclusão das fotografias na exposição – é o fio condutor para uma reflexão sobre o que ensinam – e o que talvez não possam ensinar – as imagens.

Sandra, existe um termo em Guarani para "imagem"?
Existe. É *ta'anga*, palavra que significa "algo capturado" e que, por isso, se tornou uma imagem que não é verdadeira, que não é a coisa em si. Uma fotografia ou uma figura desenhada podem ser *ta'anga*.

Temos também *nera'anga*, que designa uma coisa que já não é mais, como se fosse uma sombra ou uma réplica – imagens suas que não são você de verdade. *Nera'anga* pode ser um reflexo, uma fotografia ou um desenho produzidos sem a presença da pessoa retratada. Por isso, indica uma coisa que não tem mais relação com o que é representado.

Ta'anga e *nera'anga* têm essa ideia de uma imagem esvaziada de verdade. Nós pensamos que produzir uma imagem pode ser esvaziar alguém.

Uma percepção dos Guarani que se revela no significado dessas palavras é que alguém pode querer ser você e, para isso, rouba a sua imagem. Hoje em dia, por um lado, ter a imagem capturada é importante, porque a memória da fotografia serve como prova, como denúncia. Nós, Guarani, usamos a fotografia como arma de luta. Por outro lado, a imagem pode ser perigosa para outros jogos, porque fazer uma fotografia pode ser uma forma de tomar o lugar da pessoa representada.

Esses dois termos, *ta'anga* e *nera'anga*, vêm de *a'angá*, que, por sua vez, vem de *angue*, que quer dizer "alma que já não existe". Para nós, *angue* é como se fosse seu rastro. Não é mais você. Pode ser algo que você deixou ou algo que vem do lugar onde você viveu. Mas é só um vestígio de sua presença, e não o seu espírito.

Para os Guarani, espírito e alma não são a mesma coisa. O espírito, *inhe'ẽ gue*, é verdadeiro, é um ser que pode existir até mesmo sem um corpo, sem produzir vestígios de sua presença. *Angue* não é o espírito, mas a imagem esvaziada dele. É uma espécie de "alma", o rastro de uma presença que já não existe – uma presença que pode, inclusive, ser invisível. *Angue* é um tipo de fantasma, sombra, rastro da pessoa. As imagens são formas de fantasmas.

2ª Marcha das Mulheres Indígena reflorestamentes, corpos e corações para a cura da terra de Edgar Kanaykõ Xakriabá. Brasília, DF, 2021.

Para os Guarani, a fotografia é uma memória sem espírito. E, para nós, o que importa é o espírito da memória.

Como, então, lidar com as imagens, da perspectiva Guarani?

Recentemente, na aldeia do pico do Jaraguá, em São Paulo, eu estava numa conversa com parentes que estão pensando as formas de presença e de representação guarani no Museu das Culturas Indígenas, onde estou trabalhando.

Num determinado momento, o jovem mencionou que estava pensando em colocar no museu as fotografias de um *xe ramõe* ("ancião") e de uma senhorinha que já se foram, como forma de homenagem. Mas as mulheres mais velhas que estavam no diálogo foram contra. Elas não queriam no museu as imagens do *xe ramõe* ou da *xe xajaryi* ("anciã/velha") já falecidos porque, para os Guarani, a imagem que deve ficar não é a fotografia, mas a essência do que a pessoa fez em vida.

Quando queremos nos lembrar de alguém que já se foi, conversamos sobre o espírito da pessoa. Falamos sobre sua forma de ser, sobre o que ela fez. Discutimos por que ela foi boa e o que fez para ser lembrada. Falamos da pessoa: não de uma imagem que foi feita e ficou como lembrança, porque, para os Guarani, a fotografia é uma memória sem espírito. E, para nós, o que importa é o espírito da memória.

Esse espírito da memória é sagrado porque traz, ao mesmo tempo, as dores da luta e do enfrentamento que essas pessoas viveram na Terra, mas também os ensinamentos que elas trouxeram à comunidade. Apesar de trazer tristeza, a memória é sagrada, porque é aprendizado. E o que ela ensina não é a fotografia em si, mas a lembrança coletiva das vidas representadas pelas imagens, quem foram as pessoas, suas caminhadas.

Para ser ancestral, a pessoa tem que ser constantemente rememorada, trazida para a presença, convocada em histórias, em conversas, em ritos. A ancestralidade é uma condição que se produz todos os dias. O ancestral está sendo continuamente ancestralizado, à semelhança do que acontece com os "clássicos" do mundo *juruá* ("não indígena") em seu ininterrupto processo de canonização por meio da educação, da mídia, da ciência, dos símbolos.

Quando você fala da preocupação das mulheres mais velhas, fico com a sensação de que elas estavam atentas ao risco de a imagem – e, em especial, a fotografia – agir contra a ancestralização. Pois, quando se acredita ter capturado o espírito de alguém numa imagem, fica-se preso a uma memória passada desse espírito, impedindo que ele habite vivamente o presente do qual ele depende para se ancestralizar.

Isso tem a ver com o modo como nós, Guarani, entendemos o tempo, que para nós é o *ara pyau* ("tempo novo") e o *ara ymã* ("tempo velho"). Nós não temos tempo presente. O "presente" é o momento, não um intervalo cronológico. O que temos é o momento do agora e tempos que vão e que vêm.

Podemos dizer que *ara ymã* tem a ver com o tempo passado, e *ara pyau*, com o tempo novo, o futuro. Para os Guarani, o velho e o novo não formam uma sequência linear. Esses tempos ocorrem em ciclos, como acontece com os períodos do ano, que estão sempre recomeçando.

Nesses ciclos, em vários momentos, o *ara ymã* e o *ara pyau* se aproximam e se encontram. Os dois tempos caminham, se deslocam. O passado e o futuro não são lugares fixos no tempo.

Mulher, mãe terra, MST, de André Vilaron. Pontal do Paranapanema, SP, 1996.

Caminhar não é prever o caminho, mas preparar o corpo para a caminhada.

Nem são tempos parados no espaço.

Exatamente. Por isso dizemos que estamos caminhando para o futuro, que chamamos de *tenondé*. O que é *tenondé*? É "na sua frente". É quando você vai caminhando, seguindo em frente. Essa "frente", que é só sua, é o *tenondé*. O futuro se desloca com você.

Ele não é um lugar, não é? É uma posição.

Sim, porque o futuro é o corpo caminhando, seguindo à sua frente. Caminhar não é prever o caminho, mas preparar o corpo para a caminhada. Isso é importante porque, na sua caminhada, se você encontra algo que não é bom, você pode se preparar para sair desse lugar, para pegar outros caminhos e não se prejudicar. O futuro é um processo.

O passado também se desloca com o corpo. Por isso, se você tem uma memória que é importante e que não pode ser esquecida, precisa levá-la adiante. Não dá só para capturar a memória. É preciso mantê-la junto de si, movimentá-la com seu corpo. O passado também é uma caminhada. É por isso que as memórias – tanto as novas quanto as velhas – precisam caminhar.

O movimento da caminhada acorda a memória. É preciso acordar nossas memórias. Mas o que é muito importante é compreender que acordá-las é estar de acordo com elas, já que o lugar delas é o próprio corpo.

Isso aconteceu com as fotografias do Movimento dos Trabalhadores Rurais Sem Terra em *Histórias brasileiras*, no Masp: nós acordamos a memória do MST, mas tivemos que estar de acordo com ela. Tivemos que honrar o espírito de luta representado nas fotografias para não as esvaziar politicamente. Foi esse compromisso que nos conduziu ao cancelamento do núcleo Retomadas, quando o museu vetou a presença das imagens.

Para manter aquela luta acordada no Masp, tivemos que estar de acordo com o enfrentamento que ela nos demandava no agora. Só assim podemos caminhar com essas memórias, construindo um futuro no qual elas possam manter seu espírito de luta vivo.

Você tocou nos dois aspectos centrais de nossas conversas em torno das fotografias de André Vilaron, João Zinclar e Edgar Kanaykõ Xakriabá no núcleo Retomadas: a luta e a caminhada. Chegamos a essas seis fotografias a partir da ideia de marcha, pesquisando a iconografia das caminhadas de luta, como as históricas marchas do MST. Quando as imagens foram vetadas, nós nos recusamos a pará-las. Não aceitamos que não pudessem seguir em marcha, que não pudessem caminhar, ir a público, estar no museu e semear o mundo também a partir de lá. Ao enfrentarmos o veto, as imagens continuaram sua caminhada.

Como disseram meus parentes, quando você produz uma fotografia, é como se você capturasse também o espírito da pessoa fotografada. Mas o espírito não é aquela imagem congelada, é justamente o movimento. Por isso é importante movimentar as imagens, para não desrespeitarmos os espíritos das pessoas ou das lutas que elas representam.

Quando resistimos ao veto, as imagens se movimentaram muito mais. Além de estarem na exposição e no catálogo, elas foram para os jornais, viraram pôsteres, percorreram intensamente as redes sociais. E, assim, elas botaram a gente para se mexer, não é? Nós nos movemos com elas. Ao que parece, existe uma reciprocidade ética e política na

Marcha das Mulheres, MST, de André Vilaron. Portal do Paranapanema, SP, 1996.

Quando comecei a olhar as fotografias das marchas, das manifestações, logo me vieram as memórias das lideranças assassinadas no processo de enfrentamento e de resistência. Isso me tocou.

relação com as imagens. Para acordá-las, precisamos estar de acordo com elas, como você diz lindamente. Para movimentá-las, precisamos nos mover.

Isso. Principalmente essas fotografias, que são imagens de luta. São fotografias provocadoras, que provocam movimento.

A questão não é serem fotografias boas ou ruins, como o museu alegou e algumas pessoas também, tentando naturalizar o veto, argumentando que as imagens do MST e de Kanaykõ não seriam "arte".

E, em resposta à suposição de que só algumas imagens podem ser "boa arte", devolvemos a pergunta: "Essa imagem é boa para quê? Boa para quem?" Não é uma questão de relativismo estético. É sobre uso político. Se queremos desmontar a servidão que constitui a colonialidade, precisamos questionar para que e a quem servem as imagens. Seu servilismo não pode ser dissimulado por abordagens estetizantes. Nem a estética deve torná-las servis. É importante encarar com franqueza o incômodo de pensarmos criticamente as nossas práticas artísticas. Ao fim e ao cabo, a quem servem as imagens que produzimos e que legitimamos?

Até porque uma imagem pode ser usada para o bem e o mal. O que seria, então, esse poder das imagens?

Isso é muito importante para mim, porque essas fotografias representam muita luta. São documentos e instrumentos de luta. Quando comecei a olhar as fotografias das marchas, das manifestações, logo me vieram as memórias das lideranças assassinadas no processo de enfrentamento e de resistência. Isso me tocou. A gente precisava mostrar isso, porque a vida dessas pessoas ainda não é levada em consideração no Brasil. Eu vivencio essa dor todos os dias. E quem vive sabe.

É difícil a gente encontrar espaços para expor as perspectivas das lutas sociais, porque o que nós queremos mostrar muitas vezes não é bem recebido, apesar de estarmos mostrando a realidade. As imagens causam impacto, e as pessoas recuam diante do impacto.

As imagens que expusemos no Masp não são tão chocantes como, por exemplo, as fotografias que constam no Relatório Figueiredo, um conjunto de imagens horrendas, que documentam os crimes praticados contra os indígenas durante o regime militar. As fotos do relatório são absolutamente chocantes, por revelarem como fomos tratados de modo desumano. Por serem tão traumáticas, não podem ser mostradas em qualquer lugar, então nem mesmo são discutidas.

Essas fotografias chocantes não circulam. Dessas imagens, só têm conhecimento as poucas pessoas que fazem pesquisa ou que têm interesse nelas. Por isso é tão importante mostrar imagens das nossas lutas. E, diante da negação, precisamos preparar o território para mostrá-las. Foi o que fizemos no Retomadas: preparamos o terreno com jornais, cartazes, discursos, obras, mostrando não só o contexto das lutas, mas também os modos de circulação das imagens.

5º Congresso do Movimento dos Trabalhadores Rurais Sem Terra (MST), de João Zinclar. Brasília, DF, 2007.

Ao mesmo tempo que somos indivíduos, representamos coletividades. Silenciar um de nós se torna um silenciamento de todos.

Nós, indígenas e pessoas dos movimentos sociais, precisamos sempre preparar o público, porque muitas pessoas não querem receber imagens que falam das inquietações e rompem o silenciamento. A mídia segue apagando nossas imagens, realidades e vozes, recortando pequenas partes de nossa luta, deixando visível apenas o que os interesses dos poderosos aceitam que seja mostrado. É fundamental poder exibir nossas imagens em exposições de arte.

Xadalu Tupã, por exemplo, com suas serigrafias de carrancas indígenas expostas no Museu das Culturas Indígenas, fala sobre desenterrar cabeças. Fala sobre a cidade estar em cima de nós, como se todas as aldeias estivessem enterradas pela cidade. Essas imagens, quando se reproduzem, pensadas de outra maneira, provocam impacto. Isso me comove muito.

Vendo as fotografias de Vilaron, Zinclar e Kanaykõ, me sinto dentro daquelas marchas. E aí a gente se pergunta: para quem é bom que essas memórias não sejam vistas, ditas, avivadas? E como retomar imagens capturadas?

Quando você diz que se sente dentro das marchas, você está atestando que as imagens de luta são corpos coletivos. A força política e estética dessas imagens vem de sua potência de coletividade, e não de serem peças únicas, capturadas, congeladas e exibidas como preciosidade em um museu elitista.

Conversamos muito sobre isso quando o Masp propôs adquirir as fotografias que tinha vetado. Aos fotógrafos e a nós mesmas, a ideia chegou de forma enviesada. Não bastasse o silenciamento do veto, a intenção de compra parecia uma forma de apagamento patrimonial, não é? De usar o colecionismo não para impulsionar, mas para estancar a marcha das imagens de luta.

Nossa contraproposta ao Masp foi fazer uma grande tiragem de pôsteres das imagens vetadas para que fossem distribuídos durante a exposição *Histórias brasileiras*, o que de fato ocorreu. Foi uma tentativa de caminhar na contramão da captura museal que marca o patrimonialismo brasileiro em sua colonial e ardilosa implicação entre o público e o privado, o Estado e o capital. Priorizamos disseminar, movimentar e coletivizar o imaginário social e político da reforma agrária e das lutas dos povos indígenas, em vez de excepcionalizá-lo na forma de obras de arte colecionáveis.

Ainda estamos às voltas com uma questão estética e politicamente relevante: como dar continuidade ao corpo e à marcha coletiva das imagens, a partir da curadoria?

Esse é um desafio de todos nós. Precisamos pensar, refletir, escutar. Isso não é uma coisa pronta. É algo que podemos entender tecnicamente, mas fica em aberto o desafio, que está sempre em movimento.

É uma responsabilidade tanto para os curadores quanto para o museu, os artistas, pesquisadores, educadores, público etc. Precisamos estar atentos a como lidar com isso: como receber, proteger e reverberar esse corpo coletivo. Pois, ao mesmo tempo que somos indivíduos, representamos coletividades. Silenciar um de nós se torna um silenciamento de todos. Foi o que aconteceu com o veto das fotografias do Retomadas. Foi através da coletividade (nesse caso, o núcleo inteiro) que reagimos à violência sofrida por alguns.

Não podemos esquecer que, se perdermos o coletivo, ficaremos mais vulneráveis. Eu tenho certeza disso, por isso não posso aceitar situações que prejudiquem a coletividade. O corpo coletivo diz mais. Ele nos levanta mais, nos move mais. Ele é que vai nos dar essa postura de afirmar "sim" ou "não", que vai dizer qual é a importância e qual o sentido de continuar a luta. E ele é que vai ecoar a nossa voz.

Você sempre diz que não quer ser reconhecida só pela sua imagem, mas pela sua voz. Talvez seja importante falarmos sobre as vozes das imagens, dos espíritos que estão nas imagens – esses que às vezes a gente não sabe ouvir e que, por isso, silenciamos.

Lembrei-me de você falando do *hendu*, que é "escutar com o corpo"; sobre como ouvir é uma atividade de todo o corpo, assim como ver também é. Nas artes visuais, de modo geral, damos protagonismo ao olhar, à dimensão visual da imagem. Apesar de todas as experimentações sensoriais, não parece exagerado afirmar que a arte contemporânea é ocularcêntrica. Tenho a sensação de que construímos um campo que não nos ensina a ouvir as imagens, que não nos provoca a, digamos, "praticar o *hendu*". O protagonismo da visualidade ensurdece.

Quando você diz "me senti naquela marcha", você traz o seu corpo para a relação com as fotografias. Não se trata de testemunhar as marchas apenas com os olhos, considerando-as documentos. Trata-se de habitar a imagem como um território, implicando seu corpo.

Penso que o *hendu* atravessa o esvaziamento produzido pela imagem, reavivando e liberando, através da escuta, os espíritos que nela foram capturados. Não poderíamos pensar algo semelhante com os museus? Como podemos convocar as instituições culturais a ouvirem com o corpo? Como ativar o *hendu* de nossas práticas curatoriais?

Eu acho que a experiência na exposição *Dja Guata Porã – Rio de Janeiro indígena* nos mostrou como as vozes, e não só as imagens, podem ser a coluna vertebral da prática curatorial, algo que você e eu vivenciamos e de que conversamos, não é? Ainda estamos entendendo.

Lembro que, em 2016, no processo de preparação da exposição, fizemos reuniões em várias aldeias, escutando os desejos e os interesses das pessoas. A última que visitamos, a aldeia Iriri Kanã Pataxi Üy Tanara, em Paraty, no Rio de Janeiro, do povo Pataxó Hãhãhãe, nos trouxe a urgência da demarcação de seu território, então recentemente retomado.

Já no dia seguinte, um dos curadores, o professor José Ribamar Bessa, procurou um promotor para nos auxiliar a correr atrás da demanda dos parentes. Todos nos movemos, ampliamos as frentes de luta pela demarcação da aldeia a partir do que ouvimos quando fomos lá. Isso é *hendu*. E, nesse caso, foi a instituição que praticou o *hendu*, pois esse foi um dos principais temas apresentados no núcleo dos Pataxó. O mesmo aconteceu com os Puri, com os Guarani, com os indígenas em contexto urbano. É por isso que o museu e suas equipes têm que saber escutar.

E implicar o corpo nessa escuta, não é? Os corpos das pessoas, mas também o da instituição.

Tem que implicar o corpo, porque é ele que se move e movimenta as imagens, as vozes, o tempo. E o corpo é coletivo.

Se quisermos proteger nossas imagens, proteger os espíritos que as imagens tentam capturar, temos que colocá-las em movimento.

Aceitar o veto do Masp às imagens de Vilaron, Zinclar e Kanaykõ seria excluir os corpos e as lutas ali representadas.

Quando veio esse veto, a gente cancelou, mas antes nós conversamos muito. Fizemos de tudo para não cancelar o Retomadas.

O maior drama foi quando também nos vimos nesse lugar de silenciamento, que é a prática de amedrontar e vulnerabilizar o outro – algo que vinha acontecendo comigo dentro do Masp desde antes de *Histórias brasileiras*.

A questão ética colocada para nós foi que a maioria dos artistas que participavam do núcleo já vinha de lugares e de histórias de silenciamento. Portanto, não podíamos passar por cima disso e aceitar o silenciamento coletivo, o que acabaria fragilizando ainda mais esses artistas. Não só os autores das fotografias, mas todes. O corpo coletivo.

E o corpo coletivo não é genérico. Não é sobre a representatividade da maioria ou a menor relevância da minoria. Eu não quero ser generalizada, quero falar sobre uma ideia de várias formas; quero que apareçam várias coisas, vários aspectos, várias vozes. Não quero ser o foco das atenções, eu quero que outras coisas sejam vistas.

Você não quer afirmar maiorias, mas fortalecer coletividades.

Isso. Ao lidar com a minha imagem ou com a imagem produzida por outras pessoas, não posso pensar de modo geral. A coletividade não pode ser uma forma de generalização.

Nesse processo, você e o Movimento dos Trabalhadores Rurais Sem Terra sempre tiveram uma posição firme de que a nossa luta é uma luta coletiva. Tanto a luta indígena quanto a luta do campo social da cultura. Ou a luta é coletiva ou não há luta. Individualizar a luta seria também produzir vulnerabilidade. Seria um modo de facilitar a captura, algo que aparece numa das cenas do filme *Martírio* (2016), dirigido por Ernesto de Carvalho, Tatiana Almeida e Vincent Carelli, quando a polícia chega e pergunta para o grupo Guarani Kaiowá: "Quem é a liderança?", e eles respondem algo como: "Todos nós". Eles não fixam a luta num único representante e, assim, mantêm a resistência coletiva em movimento, escapando às tentativas de captura.

Isso é a esquiva Guarani. Um modo de resistência que aprendemos desde crianças através da dança. Dançando, aprendemos a nos mover. Quando nos movimentamos, aprendemos a nos esquivar, e assim sobrevivemos a tudo e a todos os que, há cinco séculos, tentam nos matar.

Se quisermos proteger nossas imagens, proteger os espíritos que as imagens tentam capturar, temos que colocá-las em movimento.

Nunca me pareceu tão importante movimentar as imagens.

E nos movermos junto com elas.

É por isso que as retomadas continuam. Elas caminham conosco, nós caminhamos através delas. Tudo está em movimento. ///

CONVERSA REALIZADA EM SETEMBRO DE 2022

Marcha Nacional pela Reforma Agrária (MST), de João Zinclar. Brasília, DF, 2005.

SENTINDO O INVISÍVEL

Inspirada no romance homônimo de Ralph Ellison, a fotógrafa **MING SMITH** elabora a série *Homem invisível* (1988-91), com fotografias de atmosfera impressionista que transmitem a fugacidade e a vibração da vida negra nos Estados Unidos.

Por OLUREMI C. ONABANJO

Homem invisível, em algum lugar, em todo lugar, 1998

James Baldwin no sol se pondo sobre o Harlem, Nova York, 1979

Ônibus Greyhound, Pittsburgh, da série *Homem invisível*, 1991

Pesadelo de Oolong, salvem as crianças (para Marvin Gaye), Nova York, 1979

O Apollo, da série *Homem invisível*, 1991

Sim, imigrantes, da série *Homem invisível*, 1991

Bebezinho negro com olhos brilhantes, para Paul Laurence Dunbar, da série Homem invisível, 1991

Passe o prato, Harlem, Nova York, da série *Homem invisível*, 1990

Além de qualquer motivo para a canção, da série *Homem invisível*, 1991

As joias negras dos Estados Unidos da América II, da série *Homem invisível*, 1991

Hart Leroy Bibbs, respiração circular, Paris, 1980

Pharoah Sanders se apresenta na Bottom Line, 1977

Sun Ra, espaço II, 1978

Autorretrato total, 1986

"**SOU UM HOMEM INVISÍVEL.** Não, não sou um espectro como aqueles que assombravam Edgar Allan Poe; nem sou um dos ectoplasmas do cinema de Hollywood. Sou um homem com substância, de carne e osso, fibras e líquidos – e pode-se até dizer que tenho uma mente. Sou invisível – compreende? – simplesmente porque as pessoas se recusam a me ver."

Assim começa *Homem invisível*, romance abrasador de Ralph Ellison, publicado em 1952, sobre a busca do protagonista negro sem nome por uma identidade nos Estados Unidos do pós-guerra, onde não lhe permitiam ter nenhuma. A relevância e a ressonância do livro seguem inabaladas 70 anos depois da primeira edição. As primeiras linhas cáusticas de Ellison ficariam impressas de forma indelével na mente de gerações de leitores. Não menos importante, entre as inúmeras respostas inspiradas por essas palavras, está a série de aproximadamente 60 imagens que a fotógrafa Ming Smith fez entre 1988 e 1991, em dois bairros negros históricos dos Estados Unidos: o Hill District, de Pittsburgh, e o Harlem, em Nova York.

Uma imagem especialmente comovente na série de Smith – a fotografia intitulada *Homem invisível, em algum lugar, em todo lugar* – é uma cena melancólica numa rua indeterminada. Uma figura solitária ocupa o centro da composição, de cabeça baixa, mãos nos bolsos, vagando à noite por uma rua coberta de neve. Iluminando o sujeito obliquamente, uma fileira de postes expõe as extremidades das pernas e dos pés, enquanto a cabeça e o tronco encerrados num grosso casaco de inverno se misturam com as sombras de um edifício assustador. Mas, na fotografia de Smith, a figura envolta pela escuridão nunca toma forma completamente: ela continua invisível.

Apesar de a composição da imagem ser clara, seu significado é indefinível. A figura está apressada para sair do frio ou caminhando para espantá-lo, sem ter um destino em mente? Quem é esse indivíduo? Qual é a sua idade? Como será a sua vida? A imagem não oferece respostas. No abraço da noite, a figura se dissolve diante dos nossos olhos, no limiar da visibilidade. Em uma oscilação entre a luz e a escuridão evocativa das obras literárias de Ellison, o uso engenhoso que Smith faz das longas exposições convida a uma dissolução de limites entre a figura e o fundo, enquanto mantém, de certa maneira, uma articulação precisa da forma.

A estratégia estética, evidente em *Homem invisível, em algum lugar, em todo lugar*, perceptível em diversas outras fotos de Smith, está relacionada ao compromisso da fotógrafa de criar imagens nos espaços ocupados por pessoas negras – espaços geralmente secretos em face da vigilância antinegros. Nesse contexto, a fotografia se torna um espaço de *sentir* as formas em vez de um meio de capturá-las. O teórico Fred Moten tem identificado essa estética e tática política (que ele chama de "o borrão") como um modo de ser no qual a negritude confunde as fronteiras entre a expressão política e a expressão artística. Utilizando as ideias de Moten, o músico e crítico Greg Tate viu o uso repetido do borrado por Smith como "um testemunho de (sua) afinidade criativa com a música como busca pela liberdade produzida pelos artistas de jazz de sua geração, [...] que transformaram coletivamente as extensões sônicas de concepção visual da música na Nova York do final dos anos 1970". Sem dúvida, as imagens de Smith são terrenos porosos para tais interpretações, mas esses ângulos analíticos são possíveis apenas quando se leva em conta a matriz sinestésica de seu processo fotográfico. Suas imagens colapsam os sentidos, encorajando-nos a lidar com o matiz do som, o ritmo da forma e a textura da visão.

Às vezes densas e diáfanas, as fotografias de Smith sustentam pretos robustos ao lado de turbilhões borbulhantes de cinza e branco. Variando nos temas, suas cenas mercuriais resistem à clareza espetacular ou à interpretação direta. O historiador de arte e curador Maurice Berger observa: "Os sujeitos de Smith geralmente estão suspensos entre a visibilidade e a invisibilidade; rostos virados para longe, borrados ou encobertos pelas sombras, pela névoa ou pela escuridão, uma metáfora potente da luta dos afro-americanos por visibilidade numa cultura na qual mulheres e homens negros foram

A estratégia estética de Smith está relacionada ao compromisso da fotógrafa de criar imagens nos espaços ocupados por pessoas negras – espaços geralmente secretos em face da vigilância antinegros. Nesse contexto, a fotografia se torna um espaço de *sentir* as formas em vez de um meio de capturá-las.

depreciados, apagados ou ignorados". Assim, Smith dá forma às idiossincrasias cotidianas da vida negra. Destituídas de urgência ou agressão, suas fotografias tomam tempo, envolvendo múltiplas exposições e visões elípticas, pairando no limiar da legibilidade, mas nunca se movendo ao lado de seus sujeitos.

Criada depois de duas décadas de carreira, a série *Homem invisível, em algum lugar, em todo lugar* exemplifica a abordagem de Smith como fotógrafa e artista. Da alusão literária encrustada no título ao ritmo da composição, as imagens demonstram sua afinidade com o engajamento multidisciplinar e seu compromisso em iluminar tensões estruturais e psicológicas que influenciam diferentes experiências da negritude. *Homem invisível, em algum lugar, em todo lugar* é solo fértil para explorar a forma distinta como Smith cria imagens – afinada com movimentos corporais e devotada à poesia da luz e da sombra. Se Ellison pergunta se "essa compulsão de registrar a invisibilidade em preto e branco seria portanto um desejo de fazer música da invisibilidade?", Smith responde fazendo exatamente isso.

O *Homem invisível* de Smith não é uma tentativa de fotografar uma pessoa específica num lugar em particular, mas, em vez disso, de reproduzir um estado psicológico ou a posição social de completa invisibilidade; a fotografia é uma manifestação visual da opressão estrutural.

Smith não é a primeira artista a tomar o romance de Ellison como fonte de inspiração. Na realidade, no mesmo ano em que ela fez *Homem invisível, em algum lugar, em todo lugar*, Glenn Ligon transcreveu as primeiras linhas do romance numa folha de papel de 75 × 45 cm. Enchendo o fundo branco com letras em estêncil pintadas com bastões de óleo, Ligon acolheu as condições de produção da obra, permitindo que os acúmulos crescentes de óleo borrassem, fazendo com que a visibilidade do texto de Ellison se deteriorasse numa massa lamacenta de preto conforme a leitura avança para a parte de baixo da composição. Por fim, obliterando a legibilidade das letras, Ligon criou um modo de abstração que, ao obscurecer o trecho, ilumina o seu significado.

É importante notar que o relacionamento potente entre o *Homem invisível* de Ellison e as artes visuais não é unilateral. A fotografia era uma mídia particularmente criativa para Ellison, que se sustentou como fotojornalista e retratista durante os muitos anos em que trabalhou no romance. Curiosamente, Ellison escreveu partes do *Homem invisível* em 1950, enquanto tomava conta da casa do fotógrafo Gordon Parks, cujos registros do Harlem se tornaram emblemáticos.

Parks e Ellison eram próximos e colaboraram em dois projetos que tinham bairros de Manhattan como temas em comum. O primeiro, "O Harlem é lugar nenhum", em 1947, focalizava a Clínica Lafargue, a primeira instituição de saúde mental não segregada de Nova York. A reportagem nunca foi publicada. No entanto, a segunda colaboração, "Um homem se torna invisível", seria publicada cinco anos depois, em três páginas da revista *Life*, na edição de 25 de agosto de 1952. Parks usou a obra de Ellison como ponto de partida; ele não recriou simplesmente cenas do romance; em vez disso, expandiu as imagens e os temas do livro para criar composições fotográficas que beiram o surreal.

Em contraste com outra parceria entre texto e imagem da época, também enfocando o Harlem – *The Sweet Flypaper of Life* (1955), um estudo íntimo da vida interior negra conduzido por Roy DeCarava e Langston Hughes –, o projeto de Parks "Um homem se torna invisível" pinta um retrato mais desolado da vizinhança. Fotograficamente, pode-se conceber a série *Homem invisível*, de Ming Smith, como uma ponte fotográfica entre os diferentes extremos de Parks e DeCarava. As imagens dela abraçam a energia às vezes insolente, às vezes glamurosa do Harlem, ao mesmo tempo que não evitam suas margens frágeis, seus legados de dor e desprezo.

O *Homem invisível* de Smith não é uma tentativa de fotografar uma pessoa específica num lugar em particular, mas, em vez disso, de reproduzir um estado psicológico ou a posição social de completa invisibilidade; a fotografia é uma manifestação visual da opressão estrutural.

Homem invisível, em algum lugar, em todo lugar também foi fotografada em Pittsburgh, durante a primeira nevasca do ano, junto com a série *August Moon para August Wilson*. Smith incluiu um traço astuto de Pittsburgh em suas imagens feitas para *Homem invisível* no Harlem, intitulando uma das fotografias *August Blues*. Nessa imagem, o contorno frágil das panturrilhas do sujeito é a única parte do corpo claramente identificável. Como um fantasma, a figura se move rápido, descendo uma avenida, mostrada de perfil e iluminada pela lua que brilha no alto.

As intervenções artísticas de Smith não se limitam a seus títulos intertextuais ou a seu estilo de fotografar. Adepta da coloração manual e da sobreposição de múltiplas exposições, ela também usa pinceladas impressionistas, manchas e coberturas de tinta na superfície de suas ampliações. Ela chegou a triturar vidro e aplicar os grãos reluzentes para destacar partes de suas composições. "Uso a imagem para influenciar a pintura", afirmou Smith. "O que estiver lá se torna minha tela."

Essas alterações na impressão são gestos que Smith herdou inconscientemente de sua mãe. "Comecei a colorir minhas fotos nos anos 1970, mas não sabia por quê. Então me lembrei de que minha mãe teve um emprego como colorista de retratos num estúdio de fotografia", recorda. "Meu pai ficou furioso porque escolhi ir para a Universidade de Howard em vez da Estadual de Ohio – ele não podia me dar um centavo, ainda que eu tenha recebido uma bolsa integral. Então, minha mãe – que fazia lindos bordados – aprendeu a colorir fotografias com uma vizinha e me enviava dinheiro pelo correio para ajudar enquanto eu estava na faculdade."

Dentre as várias imagens da série *Homem invisível* que levam a marca de seus pincéis, a "pintura gêmea" de *Homem invisível, em algum lugar, em todo lugar* (1998) se destaca como um dos exemplos mais marcantes do método de Smith. Nela, partículas carmesins, mostarda e castanho-avermelhadas formam um borrifo ondulante ao longo da metade superior da pintura. Elas trazem uma quentura cromática à cena gelada, e o ritmo da orientação relacional sugere fortes rajadas de vento, envolvendo a figura num casulo de alento. Situadas no plano da ampliação em vez de dentro do espaço ilusório da fotografia, as marcas pintadas ressaltam a foto como um objeto, e não como uma imagem; uma representação de uma cena, não a realidade representada. Elas destacam a profundidade da fotografia mesmo quando a negam.

No cerne da obra de Smith, há uma afirmação insistente da validade da perspectiva fotográfica conduzida pela intuição, aperfeiçoada pela repetição. Sua agilidade no clique, a afinidade com as longas exposições, o uso engenhoso do borrão, as intervenções com pintura e o envolvimento interdisciplinar são inseparáveis de suas experiências pessoais, de sua forma de se mover pelo mundo. Portanto, soa natural que a principal presença fantasma em suas imagens seja a própria fotógrafa. Ela paira num reflexo no canto do vidro de uma janela ou aparece simplesmente como uma sombra. Mas, em seus autorretratos simples, esses espectros se acalmam, e ela demonstra um claro alívio. Uma fotógrafa, uma artista, sim, mas também uma amante de jazz, uma dançarina, uma pensadora da literatura, uma pessoa negra que vive e cria nos Estados Unidos.

Ming Smith não é invisível. Apesar de sua acuidade visual e de sua amplitude transdisciplinar, ela se fez inegavelmente presente. Há mais de 50 anos ela se expressa por meio de imagens. Parafraseando o protagonista sem nome de Ellison: "Além disso, quem sabe, em qual das baixas frequências ela fala por você?". ///

EXCERTO DE *MING SMITH: INVISIBLE MAN, SOMEWHERE, EVERYWHERE?* (MoMA, 2022) | STORE.MOMA.ORG. TRADUÇÃO DO INGLÊS DE STEPHANIE BORGES. IMAGENS: © MING SMITH. CORTESIA DA ARTISTA.

CONFIGURAÇÕES DO CORPO

Em autorretratos performáticos, a artista austríaca **VALIE EXPORT** lança-se sobre a cidade para tensionar as fronteiras entre o espaço público e o privado.

Por WALTER MOSER

Acocoramento, 1972. FOTO: HERMANN HENDRICH

AUFHOCKUNG

NACHFÜGUNG

Pós-encaixe, 1974. FOTO: ERIC TIMMERMANN

Configuração em paisagem de duna, 1974. FOTO: ERIC TIMMERMANN

Alongamento, 1972

Encurvamento, 1976

Machucados I, 1972. FOTO: HERMANN HENDRICH

Cerco, 1976

Prisões [Carceri], 1972. FOTO: HERMANN HENDRICH

Ajustamento, 1972. FOTO: HERMANN HENDRICH

A déspota, 1982. FOTO: HERMANN HENDRICH

Cumetria, 1982. FOTO: HERMANN HENDRICH

Acréscimo, 1976

Biblioteca I, 1982. FOTO: HERMANN HENDRICH

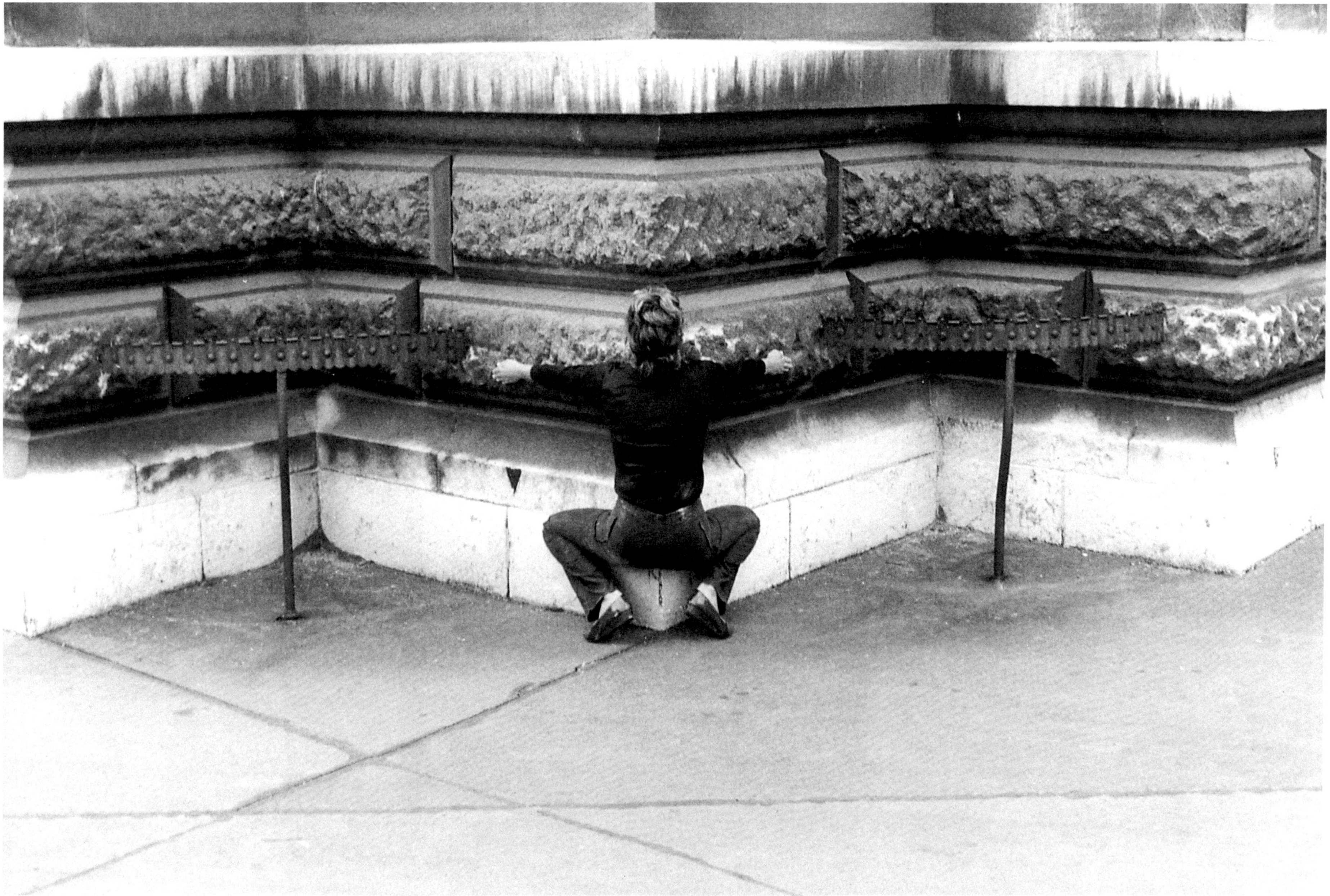

Três sinais figurativos / Três sinais configurativos, 1976

VALIE EXPORT: escrito em letras maiúsculas e protegido por direitos autorais, esse pseudônimo marca um ato subversivo de autoafirmação. Ao adotar seu nome de guerra em 1967, aos 27 anos, Waltraud Höllinger libertou-se dos sobrenomes do pai e do ex-marido, posicionando-se com confiança em uma cena artística dominada por homens. Nessa época, VALIE EXPORT realizou suas primeiras obras performáticas, que surgem no contexto do Acionismo Vienense – movimento artístico criado na Áustria dos anos 1960 que questionou, com performances provocadoras e radicais, as normas burguesas de uma sociedade enrijecida, marcada pela Segunda Guerra Mundial, ao mesmo tempo que expôs seus tabus.

As obras de EXPORT rompem com o *páthos* expressivo do Wiener Aktionismus por meio de uma prática de reflexão sobre os meios de comunicação. A artista formula sua crítica às mídias, explicitamente, como uma crítica feminista, intimamente ligada ao questionamento da representação do corpo feminino e do papel da mulher na sociedade patriarcal. É legendário o início da ação de cinema expandido *Apalpar e tatear* (1968), em que pessoas que passavam pela rua eram convidadas a tocar os seios de EXPORT, escondidos por uma caixa preta que a artista vestia como peça de roupa, fazendo as vezes de uma sala de cinema. Os participantes tinham de manter, durante o ato de tocá-la, um contato visual de 12 segundos com EXPORT, de modo que a artista invertia o voyeurismo do olhar masculino, típico no cinema. Se, nesse momento, a fotografia ainda servia como registro da ação – ainda que de modo bem consciente –, a partir dos anos 1970 a artista passa a unir performance e reflexão sobre as mídias em conjuntos abrangentes de fotografias. Elas são emblemáticas da estratégia de EXPORT de intervir no espaço público, regulador do comportamento humano, e assim questionar a suposta equivalência entre imagem e realidade nos meios de comunicação de massa.

Em três obras realizadas em rápida sucessão, entre 1972 e 1973, EXPORT trabalhou com o espaço urbano da cidade de Viena. O filme *Deslocamentos adjuntos* (1973), o livro *Cidade: estruturas visuais* (1973), publicado com Hermann Hendrich, e o grupo de obras *Configurações do corpo* (1972), criadas um pouco antes, são "expansões urbanas" que estabelecem relações entre corpos e "corpos circundantes" de maneiras diversas, mas intimamente relacionadas.

As múltiplas perspectivas de atividades corriqueiras realizadas por EXPORT, como subir uma escada, saltar ou correr, sugerem a experiência do espaço não como um recipiente absoluto, fechado, estático, que pode ser representado de uma perspectiva única, mas como uma estrutura relacional, produzida performaticamente por meio das ações do sujeito. As teorias sobre o espaço levaram a um renovado interesse pelos movimentos cotidianos, que devem ser entendidos como expressões de uma resistência estética às realidades urbanas da vida. Os integrantes da Internacional Situacionista em torno do escritor francês Guy Debord são várias vezes citados nesse contexto e debatidos por EXPORT em seu filme *Internacional da arte da ação* (1989). Eles consideravam a "Teoria da deriva" (1958), de Debord, um instrumento subversivo para se apropriar do espaço público normatizado sociopoliticamente. Na interface entre a psique humana e o meio regulador, o conceito situacionista de psicogeografia servia para explorar as leis e as consequências do espaço ambiental que afeta o comportamento emocional de um sujeito.

Outro pensador importante no contexto do giro espacial é o historiador francês Michel de Certeau, que, em *A invenção do cotidiano* (1980), via as atividades

Ao adotar seu nome de guerra em 1967, aos 27 anos, Waltraud Höllinger libertou-se dos sobrenomes do pai e do ex-marido, posicionando-se com confiança em uma cena artística dominada por homens.

cotidianas, inclusive o caminhar, com potencial criativo, uma "tática" para moldar o espaço urbano, contrariando suas regras normativas. Ele se tornou o ponto de partida para um discurso contemporâneo em que os habitantes traçam um mapa alternativo da cidade, para não se limitarem a meramente reproduzir sua estrutura. Certeau mostra o contraste entre a percepção no nível da rua e um olhar do alto, panóptico (do 110º andar do World Trade Center), que encarna o poder e o controle. Sua contraparte espacial é o espaço recipiente: perspectiva única, distanciada e, assim, oposta a um espaço perceptual dinâmico e multissensorial.

Certeau estabelece uma distinção entre a categoria de espaço e a categoria de lugar, que surge do mapa e imobiliza o espaço. Ao caminhar, a pessoa não só deixa o lugar, mas também pode reespacializá-lo por meio de uma ação inusual. Os métodos de trabalho de EXPORT estão diretamente relacionados a essas considerações: em *Linha*, obra publicada no livro *Cidade: estruturas visuais*, a artista segue uma linha reta previamente traçada no mapa da cidade, indo da periferia para o centro e voltando. Muitas vezes sem olhar pelo visor da câmera, ela capturava as estruturas arquitetônicas urbanas simples em intervalos indefinidos, sem enquadramento deliberado e, às vezes, fora de foco. A linguagem visual informal de fotos uniformes e sua disposição em série evocam o ato de caminhar, as múltiplas perspectivas de um espaço perceptual dinâmico. Na habitualidade dos gestos, as fotos correspondem à ação efêmera, tornando-se, por si, performance.

Ao debater obras que, como *Linha*, lidam com o espaço urbano, EXPORT descreve seu grandioso grupo de obras *Configurações do corpo* como "continuações que conectam a cidade como sujeito com o sujeito humano". Nas fotografias feitas em 1972 nos arredores

de seu apartamento na Grünangergasse, por exemplo, ela aparece deitada na escada, abraçando um poste na rua ou comprimindo-se no canto do edifício. Embora *Linha* possa evocar o sujeito por meio da fotografia, mas sem representá-lo efetivamente, em *Configurações do corpo*, o corpo intervém diretamente no espaço urbano como centro discursivo da psique e da normatização cultural. Aqui, a integração do espaço em sua dimensão sociopolítica, em sua estrutura que determina a conduta e a consciência humanas, assume um papel central na "representação das posturas corporais como expressões de estados interiores" e na "exteriorização visível de estados interiores por meio de configurações do corpo com seu entorno". Pois o corpo feminino vivencia a si mesmo graças à diferença entre o corpo e o corpo externo circundante, como explica EXPORT em seus importantes textos, ambos de 1987, "*Corpus More Geometrico*" e "O real e seu duplo: o corpo".

Produzidos em diversas fases entre 1972 e 1982, os quatro grupos de *Configurações do corpo* estabelecem ênfases próprias. A fotografia não é de forma nenhuma um meio homogêneo, mas recebe maior destaque, em primeiro lugar, em obras como *Apoiando-se*, *Clivagem*, *Cruzamento* e *Depressão*, que enfatizam uma dimensão psicológica. O tratamento gráfico das fotografias com caneta marcadora ou guache, muitas vezes sobre os contatos dos negativos, contribui com múltiplas camadas de significado, que, com frequência, ressaltam o próprio meio.

As fotografias da paisagem de dunas feitas por Eric Timmermann, na Bélgica, entre 1972 e 1974, evidenciam as estratégias conceituais de EXPORT. A artista se acocora, se deita ou se debruça para fora, empregando analogias formais para criar relações entre o corpo e a paisagem. Em *Suplemento* e em *Trapézio*, ela reproduz com sua postura o formato das colinas, abstraindo

A artista formula sua crítica às mídias, explicitamente, como uma crítica feminista, intimamente ligada ao questionamento da representação do corpo feminino e do papel da mulher na sociedade patriarcal.

corpo e paisagem por igual. Nas *Configurações do corpo* fotografadas por Hermann Hendrich em 1972, EXPORT penetra a estrutura do meio com o auxílio gráfico. Em *Somos prisioneiros de nós mesmos*, ela intervém na profundidade espacial, meramente sugerida no plano bidimensional, delineando os elementos arquitetônicos retratados e evocando assim a espacialidade, bem como traçando linhas na superfície da imagem. Ressaltando tanto a transparência quanto a opacidade do meio, a obra prende o olhar do espectador, por assim dizer, nessa trama de linhas, expressando a ansiedade do corpo. Em *Entidade*, por outro lado, EXPORT ressalta a profundidade espacial de uma rua traçando duas diagonais; em *Cama de escada*, quatro diagonais convergem para o corpo posicionado na linha de fuga da escada. Mesmo comparada à sistemática desconstrução de EXPORT da perspectiva única nas obras conceituais criadas na mesma época, essa ênfase na construção espacial não poderia ser maior. Se geralmente se considera que os meios se contrapõem à experiência corporal, abstraindo o corpo e objetificando – e distanciando – o olhar, EXPORT acentua o ato de ver em sua dimensão corporal. Linhas diagonais dinamizam o espaço, criando uma experiência somática, permitindo que o espectador atravesse a quarta parede, como que atraído por uma corrente subterrânea, e tombe diretamente diante do corpo.

Sua concepção de uma perspectiva única decorre de noções espaciais que existem há séculos, e não só na fotografia. Em 1540, o artista Erhard Schön, que trabalhava no círculo de Albrecht Dürer, publicou um exemplo em seu manual de desenho *Instruções para a proporção e a posição das poses*, dedicado a seus "caros jovens aprendizes" como guia prático para a representação espacial de figuras. Schön dispõe figuras compostas de formas cúbicas e figuras simplificadas numa grade cruzada por duas diagonais, a fim de explorar o escorço, ângulos de visão diferentes e relações proporcionais. A grade, que se faz visível em razão da sua função como método de ensino, geralmente fica oculta nas imagens. Tendo isso como pano de fundo, o recurso gráfico de EXPORT pode ser mais uma vez entendido como uma crítica da representação.

Para o conjunto de fotografias criadas em 1976, EXPORT visita o espaço urbano público com a modelo Susanne Widl, e então ela mesma fica atrás da câmera. Uma pintura da cidade – isto é, uma faixa de pedestre – funciona como um *ready-made* urbano, com regras urbanas implícitas em que o corpo ali posicionado intervém diretamente. Os edifícios representativos de Viena, como o Salão Municipal, são materializações em pedra do poder sociopolítico. Num segundo plano, como no caso do Parlamento, representam estruturas patriarcais, como uma legislação feita por homens. Essas fotografias podem ser lidas a partir de teorias espaciais recentes, que também concebem a produção social do espaço no contexto das relações de gênero. A geógrafa britânica Doreen Massey, em seu estudo *Pelo espaço* (2005), sustenta que o espaço social é ativamente criado e moldado por agentes em suas ações. Ela vê o espaço como um produto de relações simultâneas, cuja condição reside num espaço de potencial multiplicidade de conexões simultaneamente existentes. Isso, por sua vez, implica um devir contínuo. Para Massey, o espaço é moldado por práticas de poder que se expressam materialmente nessa rede dinâmica de relações e são continuamente geradas e atualizadas. É claro que as relações de gênero desempenham seu papel; as identidades não são consideradas estáveis e tomadas como dados de fato. Nas *Configurações do corpo*, Susanne Widl, seguindo as instruções de EXPORT, "anexa" e "insere" seu corpo nos edifícios,

EXPORT explica por que usa a fotografia. Ela enxerga em sua natureza estática a possibilidade de "extrair o código corporal da história congelada da cultura, que é uma história de silêncio sobre o corpo".

"ajusta" ou "curva" seu corpo à arquitetura, intervindo performaticamente em determinadas estruturas e produzindo e atualizando o espaço mais uma vez. Desse modo, os mecanismos que Massey concebeu posteriormente em termos teóricos já estão realizados e investigados nas obras de EXPORT.

O processo de fotografar, que mudou quando EXPORT passou a ficar atrás da câmera, é muito visível na imagem. Timmermann fotografava EXPORT de uma distância relativamente grande, no centro do enquadramento, como num palco, e as fotografias iniciais de Hendrich também mostram um processo de captura mais estático, apesar das longas exposições ou dos embaçados. Isso porque EXPORT tinha de comunicar sua pose ao fotógrafo. Ela usava uma Polaroid, por exemplo, para conferir a pose. Estando atrás da câmera, era mais fácil controlar a ação.

As fotos retomam, embora não com a mesma radicalidade, a escrita manual subjetiva de sua caminhada pela cidade em *Linha*, durante a qual ela também havia fragmentado edifícios conhecidos, como a catedral de Santo Estêvão, em instantâneos. Nas *Configurações do corpo*, essas são as tomadas que podem ser descritas como claramente performáticas, de modo que o enquadramento supostamente involuntário, que permite ao corpo deslizar como por acaso para a beirada da imagem, disfarça o quanto é calculada sua efetiva inserção numa estrutura urbana relacional. As frequentes vistas que atravessam e se dirigem para o exterior abrangem o espaço como uma categoria relacional e dinâmica.

As posteriores *Configurações do corpo*, novamente fotografadas por Hermann Hendrich em 1982, destacam-se por sua composição perfeitamente calculada. Os grandes formatos supõem uma precisão técnica. Fotografado em lugares com conotações ideológicas,

como o palácio da Justiça ou a praça dos Heróis, esse conjunto tem um significado explicitamente político, ligado ao passado imediato da Áustria. O ponto culminante da chamada anexação da Áustria ao Reich nacional-socialista é o discurso que Adolf Hitler proferiu da varanda do palácio Imperial, na praça dos Heróis, em 15 de março de 1938.

Do ponto de vista formal, EXPORT já passara pela geometrização do corpo com mudanças na perspectiva em seu trabalho anterior, *Raio* (1973), em que, numa vista de cima, partes do corpo são transformadas em figuras geométricas abstratas, também traçadas no papel como formações em linha.

Muitas vezes, as *Configurações do corpo* são interpretadas nos termos do texto "*Corpus More Geometrico*", de EXPORT. A "dupla imagem", o *Homem vitruviano*, de Leonardo da Vinci, figura cujas proporções ilustram o corpo como geometria sob dois aspectos (como círculo e como retângulo), serve de modelo intelectual para captar o ser humano como uma escala geométrica. Essa escala deve também caracterizar a relação entre o ser humano e o corpo circundante, possibilitando inferi-la por meio de relações geométricas. Assim, EXPORT escolhe o caminho inverso de Erhard Schön. Enquanto Schön constrói o espaço e os corpos passo a passo, por meio da geometria, a análise de EXPORT devolve a visibilidade a essas mesmas relações, com a diferença de inscrever nelas uma dimensão não só psíquica, mas sociopolítica.

Por exemplo, em *Abarcando*, o corpo inclinado para baixo em forma de L num banco de pedra, inserindo-o dentro de um retângulo regular com duas linhas complementares, relaciona arquitetura e corpo por meio das relações de altura e comprimento. Em termos formais, a desconstrução da profundidade espacial com o recurso gráfico é impressionante.

Em "*Corpus More Geometrico*", EXPORT também explica o congelamento fotográfico das *Configurações do corpo* como demarcação e afastamento do discurso cinestésico e expressivo do corpo com conotações masculinas.

Em *Moldando*, Widl, deitada no chão nas arcadas do Salão Municipal, inclina-se em torno da extremidade de uma coluna. EXPORT prolonga a inclinação com duas diagonais que se afunilam no alto, em sentido contrário ao dos elementos visíveis que se estendem na representação do espaço.

Em "*Corpus More Geometrico*", EXPORT explica por que usa a fotografia. Ela enxerga em sua natureza estática a possibilidade de "extrair o código corporal da história congelada da cultura, que é uma história de silêncio sobre o corpo". Nesse sentido, as *Configurações do corpo* se assemelham às *Reencenações*, de 1976, que tentam "remover cirurgicamente" um "arquivo de posturas corporais" e sua articulação por meio de reencenações de pinturas clássicas. Para esse conjunto de obras, a artista, atrás da câmera, instruiu meticulosamente, como uma diretora, sua modelo, Monika Hubmann. A modelo não foi informada previamente sobre o projeto e adotou poses que EXPORT cotejava diretamente com ilustrações em livros de arte. A recriação exata de poses dos quadros de Sandro Botticelli ou de Rogier van der Weyden foi recontextualizada de várias maneiras, inclusive com o isolamento escultural do corpo, usando roupas contemporâneas diante de um fundo neutro ou em combinação com os modelos das pinturas reproduzidas, numa espécie de instalação. Esse método expunha, num estágio inicial, a representação tradicional das mulheres na história da arte, estratégia indispensável para a arte feminista atual.

Em "*Corpus More Geometrico*", EXPORT também explica o congelamento fotográfico das *Configurações do corpo* como demarcação e afastamento do discurso cinestésico e expressivo do corpo com conotações masculinas, citando como exemplo o homem-máquina embasado na funcionalidade e na economia.

Ela menciona Fernand Léger, que, tal como Oskar Schlemmer, tornou-se uma referência importante na arte performática nos anos 1970, graças a suas investigações multimídia da experiência do espaço por meio do corpo. Embora EXPORT se afaste disso em termos textuais, é possível relacionar sua "foto-grafia" com as investigações de Schlemmer sobre a figura humana. Ele examinou a relação entre figura e espaço, entre figuras lineares e figuras em movimento, que também leva em conta os ensinamentos clássicos de Leonardo da Vinci ou de Albrecht Dürer sobre as proporções, abstraindo estruturas e linhas simples, utilizadas sistematicamente para reproduzir o movimento. As linhas curvas derivadas de proporções humanas, por exemplo, evocam o movimento tanto quanto as diagonais da perspectiva traçada. EXPORT utiliza os dois componentes de modo extremamente sofisticado.

Numa de suas fotografias mais conhecidas, Widl adota uma pose corporal complicada na escada do Parlamento, descrevendo um arco – pose que EXPORT evoca como uma ampla curva física traçando um semicírculo gestual. Se a pose pode ser considerada uma proposta pictórica talhada para a fotografia, mas, devido à sua natureza estática, oposta ao fluxo temporal de uma performance, aqui, EXPORT encontrou uma estratégia para mostrar o corpo não só em sua dimensão estático-fotográfica, mas também espacial-performática. Esse lugar em que a performance e a representação, a foto e a análise reflexiva sobre os meios, o corpo e o espaço se cancelam dialeticamente, é o ponto culminante da obra de EXPORT. ///

TEXTO EDITADO DO ENSAIO "PERFORMANCE, MEDIA ANALYSIS, AND SPACE: VALIE EXPORT AND PHOTOGRAPHY", PUBLICADO EM *VALIE EXPORT* (ORG. WALTER MOSER, VIENA: MUSEU ALBERTINA, E MUNIQUE/LONDRES/NOVA YORK: PRESTEL/PENGUIN RANDOM, 2023). TRADUÇÃO DO ALEMÃO DE SOFIA MARIUTTI E DO INGLÊS DE DENISE BOTTMANN.

[COLABORADORES]

Athi Mongezeleli Joja (África do Sul) é crítico de arte e PhD em história da arte pela Universidade da Pensilvânia. Contribui em publicações como *Mail & Guardian*, *Artforum* e *Theoria*. Em 2020, foi selecionado entre os "40 sob 40" jovens pensadores de arte da África pela revista *Apollo*, do Reino Unido.

Clarissa Diniz (Recife, PE, 1985) é curadora, escritora e professora. Graduada em artes plásticas pela UFPE, mestra em história da arte pela Uerj e doutoranda em antropologia pela UFRJ. Realizou a exposição *Raio-que-o-parta: ficções do moderno no Brasil* (Sesc 24 de Maio, 2022) e o núcleo Retomadas da exposição *Histórias brasileiras* (Masp, 2022), entre outras.

Eliana Alves Cruz (Rio de Janeiro, RJ, 1966) é escritora, roteirista e jornalista. É autora de *Nada digo de ti, que em ti não veja* (Pallas, 2020, prêmio da União Brasileira de Escritores), *Solitária* (Companhia das Letras, 2022) e *A vestida* (Malê, 2022, prêmio Jabuti, categoria Contos).

Gabriela Biló (São Paulo, SP, 1989) é fotógrafa, formada pela PUC-SP. Trabalhou para a agência Futura Press e no jornal *O Estado de S. Paulo*. É correspondente da *Folha de S.Paulo*. Vencedora dos prêmios Vladimir Herzog (2020) e Mulher Imprensa (2021).

Holly Roussell (Vermont, EUA, 1989) é museóloga, mestra pela Universidade Neuchâtel, na Suíça, e curadora especializada em fotografia e arte contemporânea do Leste Asiático. É curadora do Centro de Arte Contemporânea da UCCA, em Pequim, China.

Luciara Ribeiro (Xique-Xique, BA, 1989) é professora e curadora, mestra em história da arte pela Universidade de Salamanca, na Espanha, e pelo Programa de Pós-Graduação em História da Arte da Universidade Federal de São Paulo. Foi curadora da exposição *Sidney Amaral, um espelho na história* (Galeria Almeida & Dale, 2022).

Ming Smith (Detroit, EUA) é fotógrafa, a primeira mulher negra a integrar uma coleção no Museu de Arte Moderna de Nova York (MoMA). Sua obra faz parte do acervo do Museu de Arte de Filadélfia, do Whitney Museu, em Nova York, e do Museu de Arte de Detroit. Expôs *Projects: Ming Smith* (MoMA, 2023).

Oluremi C. Onabanjo (Nigéria) é curadora e pesquisadora. Formada em antropologia visual, material e museológica pela Universidade de Oxford, Reino Unido, e especialista em estudos africanos pela Universidade Columbia, Nova York. É curadora associada de fotografia no Museu de Arte Moderna de Nova York.

Pixy Liao (Xangai, China, 1979) é mestra em fotografia pela Universidade de Memphis. Expôs na Asia Society (Nova York, 2022), na Fotografiska (Nova York, 2021) e no Rencontres d'Arles (França, 2019).

Rafael Cosme (Rio de Janeiro, RJ, 1984) é jornalista e pesquisador. Atualmente se dedica a investigar a vida urbana e social no Rio de Janeiro do século 20 a partir de fragmentos visuais e documentais.

Renata Felinto (São Paulo, SP, 1978) é artista visual, pesquisadora e professora, bacharel, mestra e doutora em artes visuais pelo Instituto de Artes/Unesp. Especialista em curadoria e educação em museus de arte pelo MAC USP. Vencedora do 3º Prêmio Select de Arte e Educação e do Prêmio PIPA 2020.

Sabelo Mlangeni (Driefontein, África do Sul, 1980) é fotógrafo. Seu trabalho já foi exposto na Holanda, em Hong Kong, na França, no Brasil, na África do Sul e nos Estados Unidos, entre outros países, e integra coleções como as do Instituto de Arte de Chicago, do Museu de Arte Moderna de São Francisco e da Walther Collection.

Sandra Benites (MS, 1975) é educadora, pesquisadora e curadora, do povo Guarani. Formada em licenciatura intercultural indígena do sul da Mata Atlântica pela UFSC e mestra em antropologia social pelo Museu Nacional, da UFRJ. É curadora-adjunta do Masp, onde produziu o núcleo Retomadas da exposição *Histórias brasileiras* (2022).

Sidney Amaral (São Paulo, SP, 1973-2017) foi artista visual e professor, formado pela Faap e pela Escola Panamericana de Artes. Sua obra integra acervos de instituições como a Pinacoteca do Estado de São Paulo e o Museu Afro Brasil (SP e BA).

VALIE EXPORT (Linz, Áustria, 1940) é artista, cineasta e escritora feminista. Dirigiu os filmes *Oponentes invisíveis* (1977) e *Sete mulheres, sete pecados* (1986), entre outros. Recebeu a Condecoração de Honra por serviços prestados à República da Áustria. Participou de diversas exposições, a mais recente, *VALIE EXPORT* (Museu Albertina, 2023).

Walter Moser (Wels, Áustria, 1979) é curador-chefe de fotografia no Museu Albertina, Viena. Formou-se em história da arte na Universidade de Viena e na Universidade Roma Tre. Para o Museu Albertina, foi o curador de *Helen Levitt* (2019) e *Provoke – Between Protest and Performance* (2016), entre outras.

Yhuri Cruz (Rio de Janeiro, RJ, 1991) é artista visual, escritor e dramaturgo, formado em ciência política pela Unirio. Indicado ao Prêmio PIPA, em 2019. Vencedor do IV Prêmio Reynaldo Roels Jr., em 2019, com o projeto *O cavalo é levante (Monumento a Oxalá e axs trabalhadorxs)*.

IMS

FUNDADOR
Walther Moreira Salles (1912-2001)

CONSELHO DE ADMINISTRAÇÃO
PRESIDENTE
João Moreira Salles
VICE-PRESIDENTE
Fernando Roberto Moreira Salles
CONSELHEIROS
Pedro Moreira Salles
Walther Moreira Salles Jr.

DIRETORIA EXECUTIVA
DIRETOR-GERAL
Marcelo Araujo
DIRETOR ARTÍSTICO
João Fernandes
DIRETOR EXECUTIVO
Jânio Gomes

ZUM #24, ABRIL DE 2023
Revista semestral de fotografia
revistazum.com.br

EDITOR
Thyago Nogueira
EDITOR ASSISTENTE
Rony Maltz
DIRETORA DE ARTE
Elisa von Randow | Alles Blau
DESIGNER ASSISTENTE
Marina Rigolleto | Alles Blau
PREPARAÇÃO E REVISÃO DE TEXTOS
Fátima Couto e Paula Colonelli, Flávio Cintra do Amaral, Nina Schipper, Sandra Brazil
ESTAGIÁRIA
Luara Macari
PRODUÇÃO GRÁFICA
Acássia Correia
PRÉ-IMPRESSÃO E IMPRESSÃO
Ipsis Gráfica e Editora
ASSESSORIA DE COMUNICAÇÃO
Mariana Tessitore e Marcell Carrasco (comunicacao@ims.com.br)
JORNALISTA RESPONSÁVEL
Marília Scalzo

FALE COM A REDAÇÃO
foto@ims.com.br

© INSTITUTO MOREIRA SALLES
Av. Paulista, 2439 / 6º andar
São Paulo SP Brasil / 01311-936
tel. 11.3371.4455
ims.com.br

O IMS envidou todos os esforços para contatar os detentores de direitos de imagens e textos e agradece toda informação suplementar a respeito. As opiniões expressas nos artigos e nas imagens são de responsabilidade exclusiva dos autores. Os originais enviados sem solicitação da ZUM não serão devolvidos.

FONTES Arnhem, Grotesque e Bell Gothic
PAPÉIS Munken Lynx Rough 120 g, Couché Design Gloss 150 g, Garda Pat Kiara 135 g, High Bright 49 g e Supremo Duo Design 250 g (capa)

ASSINE / SUBSCRIBE

1 ANO (2 revistas) **R$ 97,75 + FRETE** 15% de desconto
2 ANOS (4 revistas) **R$ 184,00 + FRETE** 20% de desconto
3 ANOS (6 revistas) **R$ 258,75 + FRETE** 25% de desconto

+ PÔSTER INÉDITO EM EDIÇÃO LIMITADA
+ DESCONTO NA COMPRA DE UM PRODUTO POR MÊS NA LOJADOIMS.COM.BR
+ LUGAR PREFERENCIAL NOS EVENTOS DA ZUM

ENCARTE EM INGLÊS DISPONÍVEL PARA ASSINANTES INTERNACIONAIS.
ENGLISH INSERT AVAILABLE FOR INTERNATIONAL SUBSCRIBERS.

REVISTAZUM.COM.BR/ASSINE